Nelly

Nelly

Paula Navarro

Cover designed by: Emanuel Estrada

Nelly © 2010 by Paula Navarro
ISBN-13: 978-0-615-33123-2

Library of Congress Control Number: 2009911567

A mi familia

"La vida no es la que uno vivió,
sino la que uno recuerda
y cómo la recuerda para contarla."
Gabriel García Márquez

Índice

Prólogo

Este libro es mi viaje a la semilla.

Mi viaje comenzó en Semana Santa de 1998. Tenía 21 años y estudiaba la carrera de Letras Españolas en Monterrey. Vivía envuelta en un mundo de personajes, leyendo siempre tres libros a la vez. Fueron momentos de mucha efervescencia y deseaba vivirlos al máximo, explorando todas las dimensiones del sentir humano, aunque fuera en papel. Me envolvían un sinfín de preguntas que hacían tropezar cualquier intento de definirme como mujer, como persona.

Mi solución fue inventar la necesidad de un proyecto de auto-encuentro. Así nació la idea de conocer mejor el lado paterno de mi familia. Habíamos convivido poco, pero siempre sentí que había algo de mí en ellos. Les escribí cartas a varios integrantes de la familia exponiéndoles mi inquietud de conocerlos y mis planes de escribir un libro con sus relatos.

Contestaron dos. Mi abuela Nelly y mi tío abuelo Chuy.

Llegó Semana Santa y fui a Guadalajara. Siempre aprovechaba para regresar a ver a mis papás a Ensenada, de donde son las buganvilias de mi infancia, pero ahora era diferente. Ahora necesitaba buscar suelo firme en otra parte que no fuera el de siempre.

Durante una semana me perdí en los relatos de Nelly y de Chuy. En sus historias, en sus vidas completas. Lloré. Reí. Vi la vida con ojos de otros y sentí en piel ajena.

Mi tío Chuy me contó su vida entera en una tarde. Al grano y a calzón quitado, como diría él. Tuvo una vida dura y trágica de donde nació un folklore de convicciones y un espíritu incorruptible. Acabamos esa tarde brindando con un vino exquisito de galón y deleitándonos con filetes de tiburón y guacamole. Mismo que habíamos preparando en su cocina espantando cucarachas con un matamoscas.

Con mi abuelita Nelly fue distinto. Tomamos café en sus tazas de porcelana procurando no hacer mucho ruido con la cuchara y empezamos desde el inicio, desde el día en que nació. Recuerdo perfectamente el timbre de su voz que temblaba de emoción al empezar a relatarme sus historias. Ella se entregó completamente a mí en esos días. Así fue como las preguntas, que se revoloteaban como mariposas en mi mente, viajaron en un instante a mi estómago, y supe por esa sensación característica de emoción, que mi viaje había comenzado.

Me describió con lujo de detalles todos sus recuerdos en su tono particular. Siempre sentí la gran congoja de no poder componerle notas musicales a sus historias para transmitirle al lector todas las dimensiones de sus relatos. Pero a pesar de su entrega incondicional a mi proyecto, su narración estaba plagada de saltos, retrocesos, pausas, lágrimas, omisiones y sobre todo lapsos. Fragmentos que se quedaron sin tocar con la excusa de "eso después te lo platico".

Nos juntamos en otras dos ocasiones, bellas e inolvidables. Y por fin, establecido el lazo de confianza y la decidida necesidad de liberar años de secretos abiertamente, la verdad quedó grabada.

Ya habían pasado años desde aquella Semana Santa en Guadalajara. Me había graduado de carrera y estaba comprometida. Los relatos de mi abuela los guardé con mucho recelo, compartí mi experiencia con poca gente. Pero la idea del libro seguía muy presente en mi pensar diario.

Anhelaba en secreto despertar un día, como de un largo sueño, con el talento innato de transformar todos sus secretos en una obra magna. "Éste será mi *Quijote*", pensaba yo. "Mi *Cien años*, mi *Rayuela*, mi debut estelar en el mundo literario".

Las ideas iban y venían por años, a lo largo de la planeación de mi boda, de mi maestría, del inicio de mi carrera profesional, de mi matrimonio. Plasmé centenares de ideas. Empecé y volví a empezar decenas de veces. Buscaba el tono narrativo, la voz y la estructura perfecta e innovadora.

Con el paso de los años decidí seguir los consejos que algún día me sugirió mi abuela y armé "capitulitos", sencillos y en orden cronológico. Nada de brincos, ni omisiones, ni trucos literarios sofisticados. Sólo la verdad narrada con todo el amor de una abuela, sazonada con una pizca de mala memoria y endulzada con más de un siglo de historias. Cambié y omití algunos de los nombres por respeto a la privacidad de algunos de los individuos aludidos.

Querida familia, amigos y lectores. Les entrego los frutos de mi viaje a la semilla. Espero la esencia de Nelly resuene en ustedes como lo ha hecho en mí todos estos años.

12 de mayo de 2007

1.

Desde que coronó

Nací un 25 de octubre. No, un 16 de octubre de 1925 en la Ciudad de México, en la capital de la República. Y soy tan de la capital, de la Ciudad de México, que nací en la avenida Chapultepec. En la manzana que tumbaron, muchos años después, para levantar Televicentro. Ahí estaba la privadita donde yo nací al lado de mi abuelita, la mamá de mi mamá, y de mi tía Josefina que era bajo las protecciones en que estábamos. Nací, en el primer cuarto de éste siglo que está por terminar. Me tocó vivir la colita, ya lo último de la Revolución de México. Imagínate. Estaba el país todavía muy resentido en muchos aspectos, pero había paz, había tranquilidad.

Mis recuerdos empiezan más o menos a la edad de tres años. Tenía un vestido color coral, con unos encajes españoles en color cremita. Me retrataron con ese vestido junto con el gato de mi tía Josefina. Toda la vida le gustaron muchísimo los gatos, eran su pasión. Mira, con mucha frecuencia haré alusión a ella, a mi tía Chepa. Yo a ella la considero mi segunda madre. Mis primeros años los pasé al lado de ella. A ella le costó mi nacimiento. La quiero con veneración. En mi vida ha habido dos madres: mi mamá Lydia y mi tía Chepa.

A mi tía se le llenaba de orgullo la boca cuando se refería a mi nacimiento:

- ¡Es que yo vi a Nelly desde que coronó!

Coronar en un parto es el momento en que la cabeza está ya por expulsarse. Y entonces es cuando la partera dice:

- Otro, otro dolor fuerte, ¡Pújale! ¡Pújale! porque ya Ocoronó.

Ese "ya coronó" quiere decir que en el próximo dolor púmbale como jabón que se te escapa de las manos. Tenían que estar listas porque sino iban a dar hasta el mismo suelo las criaturas. Antes te aliviabas a puro valor mexicano nada de que la inyeccioncita ni de que nada. Eran unas señoras parteras que te cuidaban.

Yo creo que era el primer parto que veía mi tía Josefina porque le duró la impresión toda la vida. Y luego aparte que llega la niña, la niñita. Mi tía Josefina inventa que le pongan Abigail y mi abuelita Petrita dice:

- No. Es que está tan chiquita, tan bonita, tan finita, que hay que ponerle un nombre con el que nunca le hablemos con coraje. Vamos poniéndole Nelly.

Total que ahí la única que no participó en el nombre fue mi mamá porque yo me llamo Nelly Abigail.

De ahí mis recuerdos brincan más o menos como a 1930. En aquel entonces en México vivía la inmensa mayoría de la gente de la clase media, de la clase media acomodada, en las vecindades. No había el concepto del moderno edificio de condominio como se les nombra ahora. Pero si te pones a ver, un condominio con todo y lo bonito que es, es una vecindad. Estás rodeada de vecinos, vives con tus vecinos.

Mi mamá se casó cuando yo tenía cinco años, con el que toda la vida fue mi verdadero padre. Quien me quiso como una verdadera hija y a quien quise como un verdadero padre. Nos separamos de mi tía Josefina. Nos salimos de su protección para irnos a vivir nuestra propia vida a la calle de Ecuador número once. Ahí nació mi primer hermano que se llama Ramón.

Las vecindades de entonces eran por supuesto casas muy decentes. Entrabas por una puerta ancha y después a un pasillo en donde invariablemente estaba el cuarto de la señora que cuidaba. Se le llamaba portera. Era una mujer que estaba encargada de abrir la puerta de los inquilinos. Esa puerta se cerraba a las diez de la noche. Después de esa hora tenías que tocarle, ella se levantaba a la hora que fuera a abrirte y se le daba una gratificación de diez centavos.

Después venían los patios. Todos los pisos por supuesto en piedra. Se usaba mucha piedra en la construcción porque la piedra de México es una piedra oscura que con el tiempo se pone brillante, muy pulida. Surgía un primer segundo, tercero, cuarto, y quinto patio. La canción del *Quinto Patio* de Emilio Tuero a mi me trae muchos recuerdos porque yo conocí ese patio. Entrabas por Jesús Carranza y salías por República de Brasil.

El primer patio era el de más categoría y así sucesivamente. Nuestra casa estaba al entrar antes de subir la escalera. Vivíamos mi papá Ramón, mi mamá y luego mi hermano Ramón cuando nació. Constaba un pequeño acceso que era la sala de la casa, donde había un mueble muy modesto pero bonito. Teníamos una victrola, que se le daba cuerda y luego por una bocina grande salía el sonido. Eran unos discos de pasta muy gruesa y muy pesada. La victrola tenía una aguja gruesa, pero exageradamente gruesa. Como un clavo delgadito de la actualidad. Después fíjate que yo más grandecita me daba cuenta que esas agujas se las ponían los hombres en los tacones y en las puntas de los zapatos de los hombres para bailar el tap-tap. Para que aquellas agujas hicieran el ruidito.

Volviendo a la casa habitación. Al entrar había un corredorcito e invariablemente todas las casas tenían macetas. A mano izquierda estaba el corredor, a mano derecha estaba el lavadero con su pila de agua y al fondo el baño. A mano derecha del acceso estaba la cocina. Una cocina muy grande como de cuatro por cuatro con un pretil. Así se le llamaba entonces al lugar en donde cocinaban las mamás. También de eso te quiero hablar porque es muy interesante. Y del otro lado era el área del comedor donde se reunía la familia para los alimentos.

Después de la salita a mano izquierda quedaba la única recámara que tenía la casa. Era para una familia chica como era la nuestra.

Volviendo al pretil. El pretil era… ¿qué te podría decir para explicarte, para que te lo imagines bien? Una cosa grande como de tres metros de largo por un metro de alto. Claro, yo no puedo tener la proporción exacta porque era muy pequeña entonces. A mí me pudo haber parecido muy grande pero hoy que lo recuerdo no lo era tanto. En realidad yo creo que era una cosa más o menos la altura de una estufa de la actualidad. De trecho en trecho tenía parrillas que eran unos agujeros cuadrados dentro del mismo pretil, donde estaba la parrilla de fierro, en el que se acomodaba el carbón. Según las necesidades culinarias y tu solvencia económica se podían prender las tres o podías pasarla con una. Cada parrilla tenía distinto tamaño, de la grande a la pequeña. Abajo de aquella parrilla de fierro donde se colocaba el carbón caían las cenizas, y hasta pedacitos de carbón encendidos a otro cuadro más abajo que tenía una ventila al frente, como una puerta sin puerta, que era por donde recibía la lumbre el oxígeno que necesitaba para encender. Yo tengo muy gratos recuerdos de ese pretil. Que no fue el único. Fueron muchos. Todo el tiempo que vivimos en México y aún en Puebla, ya con mi tía Josefina, no había estufa. La primera estufa de petróleo de mi casa se compró cuando yo empecé a trabajar a los 17 años.

Me fascina oler cuando se prende para una carne asada la lumbre con el ocote y el carbón. Tengo gratísimos recuerdos de aquel olor a ocote, que son unas rajas de un pino que tiene muchísima resina y despide un olor muy bonito a la hora que lo encienden. Tomaban el carbón de un recipiente que se conseguía en los dispendios de carbón que había cada dos o tres cuadras. Con unas tenazas, hechos de una lámina dura pero al mismo tiempo manejable y flexible se tomaba el carbón del recipiente para acomodarlo dentro de la parrilla. Se hacía lo que le nombraban la casita. Escogían trozos de carbón más o menos grandes y con la misma tenaza los acomodaban en huacalito y luego se ponía el ocote ya encendido y se tapaba con más carbón. Se inundaba literalmente la casa de aquel olor a ocote.

Dentro de los preciosos recuerdos de mi niñez, recuerdo el despertar con aquel olor tan grato. Ese era el indicio de que mi mamá ya estaba en la cocina. Y luego empezabas a oír como chillaba la manteca en la cazuela, o bien como hervía el agua para el café.

Me hablaba mi mamá. Me levantaba y me iba al lavadero, donde me tenía un banquito para que alcanzara a lavarme las manos. El agua de la tina amanecía helada.

Mi mamá todos los días invariablemente en las mañanas recogía la cocina. Arreglaba sus camas y tomaba su canasta para ir al mercado. Las mamás iban al mercado todos los días. No había refrigeradores, ni se conocían, ni se tenía memoria de ellos. Quizá en Estados Unidos ya se tenía el concepto de la refrigeración doméstica pero en México y en esos años definitivamente no.

Dejaba cociendo sus frijoles y en la misma parrilla donde se ponían los frijoles se ponía otro jarrito con agua para estar haciendo lo que le llamaban "atizar los frijoles" con agua calientita porque si no los frijoles se hacían prietos o se hacían feos. El chiste de los frijoles era que se cocieran muy güeritos, sabrositos.

Quisiera platicarte cómo era el mercado a donde íbamos porque hasta la fecha existe. Se llama La Lagunilla, en el centro histórico de México. Bueno, ahora es el centro histórico, antes era el centro. Quedaba como a cuatro cuadras de donde nosotros vivíamos. Ahí encontrabas lo habido y por haber. Lo primero que entraba a la canasta era el ramo de flores, porque la mujer ha sido siempre coqueta, en todas sus cosas y la canasta del mercado no se iba a quedar atrás. Entonces con dos centavos comprabas flores. Porque en la salita de la casa, modesta como te vuelvo a decir, nunca faltaban las flores. Dos días y esas flores se volvían a reponer. Yo tengo recuerdos preciosos, por ejemplo de: *nomeolvides*, de los *chicharitos*, de todas esas flores que ya casi no se ven. Nos han invadido una serie de flores exóticas bellísimas pero que a mí no me dicen nada. Me gustan. Las admiro porque las flores son bellas todas, pero yo veo unos *nomeolvides*, que eran unas flores azules chiquititas, o veo ese otro que huele muy bonito que hay en Chapala, e inmediatamente me ubico en esa niñez.

Hay cosas que en la niñez te pasan desapercibidas y con el tiempo cobran importancia. Una tía mía, hermana de mi abuela Lupita, que se llamaba Mariquita, estaba casada con un señor que hacía nieve. No tenían hijos. Tenían un puesto de nieve con mesitas y garrafas. Era nieve que la hacían con la mano en unos tanques de madera ensamblada con hielo y sal, una determinada sal arriba para que el hielo no se derritiera y en medio estaba el cilindro de lámina donde estaban moviendo constantemente con una pala de madera aquella agua fresca para que la nieve cuajara.

Ahí trabajaba un muchacho chaparrito, feo, muy ponchado, muy doblado que con el tiempo llegó a ser campeón mundial de box. El famosísimo Rodolfo "Chango Casanova". Te cuento todo esto porque para ti no tiene ninguna importancia, pero para la gente de mi edad que haya vivido en México de aquellos días va a decir mucho el día que se enteren que yo conocí al Chango Casanova y era empleado de la nevería de mi tía Mariquita. Ya para entonces traía las narices quebradas. No yo, sino el Chango Casanova por supuesto que yo no. Ya se entrenaba en las peleas y le daban cada golpe que le quebraban la nariz. Desde entonces era de nariz aplastada encima de lo feo que estaba.

Resulta que mi mamá diario llegaba con mi tía Mariquita a saludarla. Desde luego debería de haber existido cariño y respeto por ella. Lo cierto es que yo diario salía de allí con un barquillo. Un conito de harina tostada sabrosísima, riquísima. Podía escoger de qué lo quería: de vainilla, de fresa, de limón o de lo que hubiera y de lo que se me antojaba. Para esto los de dos bolas costaban cinco centavos. Pero señoras bolas, y los de una bola costaban tres. Por supuesto yo alcanzaba el de tres centavos pero para mí ya era mucho.

Bueno, de tal suerte regresábamos del mercado y al subir las escaleras en la parte de enfrente de mi vivienda vivía la familia de mi papá Ramón. Mi abuelita Lupita con su hija Leonor y su hija Altagracia que estaban sin casar. Trabajaban y entre ellas dos sostenían a mi abuelita.

Ése es otro de los bellísimos recuerdos de mi niñez, bellísimos. Que ya mi mamá estaba en la cocina o bien había jabonado ropa para que se aflojara con el sol en una tina con jabón de pan. Los detergentes ni existían. Con jabón de pan amarillo jabonaba la ropa, sobre todo los cuellos y los puños. Luego ponía la ropa en una tina que dejaba en el sol. Así, con la acción del sol y con la remojada, la ropa soltaba toda la mugre. Aquella ropa parecía de coco y se tendía en el mismo pedacito donde estaba el lavadero. En esas vecindades no había tendederos en los patios grandes a la vista del acceso público a la vecindad. Los tendederos estaban dentro de la vivienda.

Mientras mi mamá estaba en sus menesteres, yo oía la voz de mi tía Leonor, que era una mujer muy guapa de piel muy blanca, muy bonita que le decía:

- ¡Lydia!, mándame a la niña.

La niña era yo. Aún ya de casada mi papá me decía la niña. Me mandaba mi mamá con mi silabario, que era un libro chiquito de una impresión muy barata, en un papel sumamente corriente con una pasta en papel nomás un poquito más grueso. En casa de mi abuelita Lupita, allá arriba, mi tía Leonor salía con su bata de seda. Ella trabajaba y ganaba bien, me imagino. Me sentaba en una sillita de tul, chiquita, pegada al peinador en la recámara y me decía:

- Ándale Nelly dame lo que te dejé ayer de tarea.

Las primeras letras eran las vocales: a, b. No. A, e, i, o, u. Ya que te las sabías perfectamente bien salteadas y como fuera entonces pasabas a las consonantes. Pero no te las daban todas. Te iban dando las que podían hacer una palabra con las vocales. Por ejemplo, yo me acuerdo que cuando empezaba a leer era: "el sol sale", "la sal sí sala", "mi mamá me ama", "mi mamá me mima", y puras frasecitas de ésas.

Todo el rato que mi tía Leonor se estaba arreglando, ella me escuchaba recitar la tarea. Pero a veces me quedaba con el silabario en la mano embobada viéndola, porque se pintaba muy bonito. Ya se tenía el concepto de las sombras de los ojos. Y ¿sabes con qué se la hacían? Con un hueso de mamey quemado. El hueso del mamey es sumamente aceitoso y lo echaban a la lumbre, al carbón del guiso, para que se quemara. Después lo mezclaban con aceite de almendras dulces. Tomaban tantito aceite en la yema del dedo y lo revolvía con el hueso del mamey, y ese tinte se lo aplicaba en los párpados. El resultado eran unos ojotes radiantes.

Se usaban mucho los vestidos de chaquira rebordados, así como ha vuelto la chaquira tanto. Yo me acuerdo cuando mi tía iba a algún lugar en especial se ponía esos vestidos y yo literalmente me embobaba. Eran de piernas muy bonitas, de piernas muy gorditas mis tías.

Para mí era una cosa preciosa los ratos que pasaba ahí con ellas. Su cocina tenía más luz porque estaba arriba y esas casitas de arriba seguro que tenían un poquito más de categoría porque tenían baño adentro de la casa.

Mi papá Ramón era un hombre excepcionalmente bueno. Era de una bondad y de un corazón que yo difícilmente algún día voy a encontrar en otra persona. Toda la vida fue obrero, pero un obrero calificado. Curiosamente fue alumno de la Escuela de Artes y Oficios de Guadalajara donde enseñaba mi abuelo Claro de la Torre, papá de mi mamá. Mi mamá estaba todavía muy chica pero ya desde entonces se conocían.

Mi papá tuvo una habilidad asombrosa para el torno. Y cuando llegó a México, buscó empleo y empezó a trabajar en una de las primerititas industrias que se ponían en México que se llamaba La Consolidada S.A. y se dedicaba a hacer única y exclusivamente clavos y tornillos, pero en cantidades estratosféricas.

La rama de la familia Eguiarte viene de dos pueblos de Jalisco que se llaman Sayula y Etzatlán. Mi papá nació en Etzatlán, Jalisco. Mi abuelita, la mamá de mi papá, se llamaba Lupita y era una persona muy agradable, muy bondadosa. Mi papá fue el tercero de cuatro hijos. Eran dos hombres y dos mujeres. Mi tío Manuel el mayor, mi tía Leonor la segunda, mi papá el tercero y mi tía Altagracia la cuarta. El padre de ellos, se llamaba Diodoro Eguiarte. Había una anécdota respecto a ese matrimonio muy curiosa. Él sostenía a la familia, no se cómo, pero lo hacía. Estaba una temporada con su familia y un buen día, le decía a mi abuelita:

- Güerita - porque le decía Güerita, de lo blanca que era, tenía de esas pieles blancas muy finas y le decía: - Güerita, mira, voy a ir a... voy a tener que salir a trabajar, voy a tener que ausentarme un poquito pero vengo el miércoles.

Mi abuelita se quedaba con aquella conformidad a esperarlo. Pasaba un miércoles. Pasaba otro. Pasaban un mes de miércoles y Diodoro nunca aparecía. Allá como a los dos o tres años iba haciendo acto de presencia, llegaba y le decía:

- Ya vine Güerita, aquí estoy.

Pero eso sí, llegaba en miércoles. Cumplidor el hombre. Se estaba otra temporada, dejaba otro hijo y se volvía a ir. Y también:

- Güerita vengo tal día - y pasaban dos, tres años y él volvía el día que le había dicho que regresaba.

Hace algunos años a una prima, le dio por hacer un árbol genealógico de toda la familia Eguiarte. No son muchos los troncos de ese apellido. Con decirte que empezó con una tira de papel con el largo como de un metro. La última vez que nos vimos llevaba tres metros y medio de papel de todos los Eguiarte que han resultado por distintas partes y todos aseguran haber sido hijos de matrimonio de Diodoro. Porque Diodorito al pueblo donde llegaba se casaba. No había medios de comunicación. No había telégrafos, ni radio y mucho menos teléfono. Entonces él iba, se casaba y visitaba periódicamente a todas sus esposas sembrando Eguiartes por todos lados.

Mi abuelita, al ver que las ausencias de Diodoro cada vez se alargaban más y el dinero que le dejaba cada vez le ajustaba menos, decidió llevarse a sus hijos a vivir a Guadalajara sin mi abuelo. De tal suerte es que mi papá ingresó a estudiar mecánica de tornos en la Escuela de Artes y Oficios.

Así las cosas, con las vueltas que da la vida, la familia de mi papá se fue a radicar a México. Todos menos mi tío Manuelito porque ya estaba casado. Él también fue todo un personaje en Guadalajara. El nombre de Manuel Eguiarte aquí en Guadalajara pesaba. Y no por dinero ni por posición, sino porque fue un gran músico. Era instrumentista. Le instrumentaba canciones a los mejores músicos de la época. Por cierto que tuve el honor de que me compusiera un vals que se llamó "Nelly". Me lo cantaba. Me lo escribió con letra y todo. Eso se perdió en el tiempo. No sé dónde quedó, pero si algún día llegan a oír un vals que se llama Nelly, sepan que me lo compusieron a mí. Ya ven la vida qué chistosa es.

Así las cosas, al mismo tiempo que la familia de mi papá decide irse a México, mi tía Chepa quiso irse a la Capital y se llevó con ella a mi mamá muy jovencita y a mi abuelita Petrita. Pasó el tiempo y mi papá volvió a ver a mi mamá en México. Se enamoró de ella y se casaron.

2.

Amparadme y guiadme

M i tía Chepa nunca se conformó con el matrimonio de mi mamá. Me había quitado de su lado y mi tía me sentía tan de ella como mi misma madre. Hubo ciertas diferencias entre ellas por mí.

Me acuerdo que la casa de Ecuador número once tenía un balcón en la recámara que daba hacia la calle y por ahí me rapto mi tía. Me robó. Era un balcón que no tenía la reja hasta arriba sino que a la mitad. Yo estaba jugando y se paró un Ford de 1925, el año en que yo nací, que era el carro del esposo de mi tía Josefina. El segundo esposo, porque tuvo tres. Fue un caricaturista del periódico *El Universal* de ascendencia francesa. Se apellida Audifred, pero se pronuncia Odifred. Era un Cabral en potencia. Ernesto García Cabral, mejor conocido como "El Chango", fue el mejor caricaturista que ha dado México, y mi padrino le pisaba los talones a Cabral.

Entonces resulta que me acuerdo que se asomó mi tía por las rejitas del balcón:

- Nelly - me dijo en voz baja- ven.

Vi a mi tía y me desboque a la carrera.

- Cállate - me ordenó- ¿está tú mamá?

- Sí - le dije.

- Cállate.

Mi padrino se subió al balcón. Me agarro de los hombros y me subieron al coche. Te puedes imaginar la angustia de mi mamá al llegar y no verme ahí. Pero inmediatamente se supuso que había sido mi tía Josefina. Porque no oyó gritos. No oyó nada.

Mi papá Ramón tenía un amigo de toda la vida, hijo único, que estudiaba Derecho y llegó a ser toda una figura en el mundo jurídico. Fue Magistrado de la Suprema Corte de Justicia en Guadalajara. Se llamaba Salvador Sahagún. De él se valieron para reclamar legalmente a la hija que mi tía les había quitado. En una forma pacífica. No hubo necesidad de llegar a los juzgados. Sólo se presentaron mi papá y mi mamá a la casa de mi tía ese mismo día con Salvador por un lado. Y tan fácil como que le dijo mi mamá:

Vengo a llevarme lo que es mío.

Se desató una discusión de lágrimas y de gritos pero mi mamá salió conmigo de ahí. No volví a saber nada de mi tía Chepa por muchos años. Fue entonces cuando entró muy de lleno la relación con las hermanas de mi papá, mi tía Altagracia y mi tía Leonor, que me quisieron muchísimo. Mi abuelita olvídate, si hubiera sido mi abuela de carne no me hubiera querido ni yo la hubiera querido igual de lo que la quise. De mi otra abuelita, la mamá de mi mamá, no tengo muchos recuerdos. Yo estaba muy chiquita cuando vivimos con ella y murió al poco tiempo de haberse casado mi mamá.

Así las cosas, todas las tardes mi abuelita Lupita llegaba por mí a la casa alrededor de las seis y media.

- ¡Lydia!- le gritaba desde el pasillo del lavadero. ¡Lydia me llevo a la niña al pan!

- ¡Sí! - Le contestaba mi mamá de donde estuviera.

La casa de Ecuador está situada entre la calle de República Argentina y República del Brasil. Salíamos caminando por Ecuador rumbo a Brasil y atravesábamos la calle para ir a la panadería. ¡Ay! pero qué pan. ¡Qué pan! Escogía mi abuelita su pan y siempre invariablemente me decía:

- ¿Qué vas a querer ahora?

- Pos una pucha, abuelita - porque así se llamaban unas roscas de huevo batido con harina y azúcar pulverizada.

Todavía, si cierro los ojos, puedo sentir aquí el sabor de la famosa rosca. A mero arriba de la bolsa del pan me ponía mi abuelita mi rosca y nos regresábamos a la casa. Y al ratito la misma cosa:

- ¡Lydia! Mándame a la niña, nos vamos al rosario. Tápala porque está haciendo fresco - le decía a veces cuando estaba siendo frío.

Nos íbamos al rosario, a una iglesia que se llama Santa Catarina, no Catalina, Ca-ta-ri-na. Era un templo muy grande, bonito. Templo católico. A dos cuadras de allí estaba la famosa Lagunilla. Ahí estaban los cajones de ropa. Después te platico más de eso.

Cuando vi la película de Manolo Fábregas y esa mujer que ya se andaba muriendo en Monterrey por una liposucción, cómo me recordó mi niñez. Porque habla del México y del barrio de la Lagunilla de aquellos entonces.

Llegábamos a la Iglesia, al rosario. Fue mi abuelita Lupita la que me empezó a inducir dentro de la religión. Me acuerdo que en cada rosario, en cada estación, se cantaba un corito. Ella me enseñaba.

- Ven hija, mira fíjate, oye bien:

Oh María, Madre mía, oh consuelo del mortal,
Amparadme y guiadme a la patria celestial.

Y entonces, el padre empezaba el otro misterio fuera gozoso o fuera doloroso. Porque un día era gozoso y el otro era doloroso. Se acababa el misterio que consistía en diez avemarías y el padre nuestro. Y mi abuelita con su rosario me decía:

- A ver hija.

Y yo contestaba - *Oh María, Madre mía...* - el pegoste cantando, fascinada.

Cuando se llegaba la hora de la limosna y pasaban el canasto, mi abuelita abría su monedero y me daba un centavo. Fíjate lo que valía una moneda de a centavo.

La salida del templo también forma parte de los recuerdos tan preciados de mi niñez. Estaba el hombre con la tina de los elotes, una tabla y un mechero. Era un depósito de petróleo con un tubito y al final la mecha con la que cocinaban y se alumbraban. El sabor del elote estaba mezclado con sabor de petróleo. Pero sabía rico de todos modos. Ahí no me permitían comerme el elote. Le decía al muchacho que le dejara las hojas para llevar.

Llegaba a la casa de ella, al segundo piso, con el elote calientito entre el brazo.

- ¡Lydia, ya llegamos! - Le gritaba mi abuelita a mi mamá.

- ¡Está bien, Lupita! - Le contestaba mi mamá de afuera.

Nos subíamos, me llevaba un plato donde me picaba el elote y le
quitaba las hojas y me decía:

- Vete a lavar las manos.

Cuando regresaba ya estaba mi elote en el plato con un vaso de
leche tibia.

- Una mordidita de elote bien masticadito y otro traguito de leche –
me indicaba mi abuelita.

Ésa era mi merienda de todos los días. Pero vieras, al paso del
tiempo, esos recuerdos cómo crecen en mi mente y en mi corazón. Te
das cuenta que era gente que te amaba, que se preocupaba por ti. Se
preocupó por infundirme el temor y el amor a Dios. A ella no le hubiera
costado nada irse sola al rosario, sin embargo fue por mí todos los días,
todos, salvo las excepciones en que yo no podía.

Ya que estamos en el terreno de lo religioso y de las tradiciones,
había una tradición que a mí me fascinaba. Era mejor que Navidad: el
Jueves de Corpus. Afuera de la iglesia de Santa Catarina, se ponía una
vendimia en grande. Se vendían chabacanos y unos dulces deliciosos
llamados chapulines. De hoja de maíz seca y patas de varitas de campo
hacían unos burros con unos huacalitos cuadrados de una madera muy
delgada que le colgaban a la mulita por los lados. Era la delicia para mí
llegar a mi casa a destripar a la mula para comerme los chabacanos y
los chapulines. Porque además eran de los chabacanos de hueso grande
y jugábamos con ellos. Con eso nos divertíamos. Poníamos los huesitos
recargados en la pared y luego con una canica los teníamos que tumbar.
Esos eran los juegos de entonces.

En esa época precisamente empecé a ir al kinder, que era del
gobierno. Jamás estuve en colegios de paga. Hasta mi carrera fue de la
universidad del gobierno. El kinder estaba retiradito de la casa, quedaba
más allá de la Lagunilla. Mi mamá me llevaba y me traía. Era una
escuela preciosa y de una fama increíble. Tengo tan presente los trajes
que me hizo mi mamá para los festivales. Pero el que más se me grabó
fue uno que me vistió de mariposa. Mi mamá, bendito sea Dios, toda la
vida le halló mucho a la costura. Gracias a eso comimos cuando a mi
papá lo vetaron de todas las industrias en la capital por rojillo. Pero eso
te lo platico después.

Me hizo un trajecito pegadito de una tela entre dorada y no sé qué,
que se llamaba tarlatana. Me hizo los aros de las alas y los forró de

dorado con manchitas de colores como la Monarca. Yo me sentía la niña más feliz de este mundo y sus alrededores porque iba al kinder vestida de mariposa.

Quisiera platicarte ahora de los famosos cajones de ropa. No las tiendas, el cajón.

En aquel entonces los comerciantes eran árabes. Se vinieron de su país como todo el que emigra en la pobreza, pero de esa gente que si tiene cincuenta centavos gasta diez y guarda cuarenta. Se atravesaban por el cuello una correa de cuero con la que sujetaban un cajón donde llevaban muy dobladitos: medias, chalinas, tobilleras, calcetines, pantaletas; bueno, entonces no se llamaban pantaletas, se llamaban calzones. Ahí la palabra pantaleta no sé de dónde salió. ¿Te digo cómo le decían a los brasieres? Chicheras. Eso de brasieres nos lo importamos de Francia.

El gancho era que te ofrecían la famosa tarjeta. Ahí empezó el crédito. Ahí empezó lo fiado. Con los árabes. Pues don Fulanito, no me acuerdo cómo le nombraba mi mamá:

- La niña necesita calcetines.

- Sí, doña Lydia -decía- aquí traigo mire hay de tal clase y de tal otra.

- Sí, pues a ver. Pues ahí apúnteme.

La tarjeta nunca se acababa de pagar porque le abonaba cada ocho días y sacaba otro tanto a crédito y así se la pasaba. El hombre, feliz, porque triplicaba el costo de las cosas. Con el tiempo esos aboneros, que así les decía a aquellas personas porque se les pagaba en abonos, empezaron a hacer localitos por la calle de República de Argentina. Pasaron de ser un comercio totalmente ambulante a instalarse en unos cuartitos. De ahí fue que nació que la gente dijera: "Vamos a los cajones de La Lagunilla".

Otra cosa muy singular que había también en La Lagunilla era el Baratillo. Un mercado que se hacía en el suelo de puras cosas viejas, antiguas. Cosas que ahora si existieran sería una fortuna lo que valdrían. Y no era comercio de cosas robadas. No, ése después te voy a platicar en dónde estaba. Éste era el famosísimo baratillo de La Lagunilla y no se ponía más que los domingos. A mí me fascinaba irme a caminar ahí entre los tenderiles en el suelo de lo que vendían, de las baratijas, por eso el nombre del Baratillo.

Se me vino ahorita a la mente otra cosa que no quiero dejar pasar sin contártela. En la vecindad donde nosotros vivíamos, además de mi abuela Lupita y mi tía Mariquita, la de la nieve, vivía otra hermana de mi abuelita, mi tía Felícita, en el segundo patio, en el mero rinconcito, con dos hijos jóvenes guapillos a quienes les daba mucho por la cantada y la tocada de la guitarra.

En aquel entonces eran posadas, no gozadas. De antemano se organizaban todos los vecinos. Había una señora que le decían la capitana porque era esposa de un capitán del ejército. Ella era la que hacía junta toda la vida. Era tan bonito. Se ponía el nacimiento, qué árbol de Navidad ni qué lucecitas de colores ni qué nada. El nacimiento. El auténtico nacimiento: su diablo, su cascadita de agua, que se hacía de papel celofán, la ovejita de los pastores y el portal de Belén. Era el deleite de ir a las casas a ver los famosos nacimientos.

Las vecinas se repartían un día cada quien pero los que hacían punto eran mis tíos, hijos de mi tía Felicita. Porque ellos eran los que tocaban y cantaban. Los seguíamos toda la chiquillada con las velitas pegadas en la uña. Era un quemadero de cabello que para qué te cuento, pero con las mamás ahí por un lado de uno.

A determinada hora empezaban a salir los vecinos: "¡Que saquen las velitas!" y "¡Que saquen a los peregrinos!". La vecindad la adornaban con faroles de papel plegable. Los abres y se hace una bomba grande y adentro le metían una vela. Ponían lazos de lado a lado en el patio de la vecindad y los faroles en las puertas de las casas. Luego que estaba todo listo empezaban a cantar la letanía por todo el patio de la vecindad:

> *En el nombre del cielo,*
> *Os pido posada,*
> *Pues no puede andar*
> *Mi esposa amada*

Con esa tonadita. No lo estoy inventando, así era. Y mis tíos con la guitarra a rásquele y rásquele y rásquele y a canti y canti y canti... ¡Ah! pero antes de pedir la posada, en la casa donde le correspondía el día, cantaban el rosario, pero cantado, en forma de canto:

Santa María
Ora pro nobis

Contestaba toda la chiquillada de atrás:

Santa Virgen de las vírgenes
Ora pro nobis (ora por nosotros)

Todos hacíamos coro, y cuando habíamos terminado de rezar el rosario, le dábamos la vuelta y ahora sí empezaban a cantar y a tocar la guitarra. Se paraban en la puerta de la casa donde iba a tocar la posada y era cuando empezaban a cantar. Una parte de la gente se metía, y otra parte se quedaba afuera. Ya que tenían la posada, les decían de afuera.

Aquí no es mesón
sigan adelante
yo no puedo abrir
no sea algún tunante, un malhechor ¿verdá?

Entonces contestaban los de afuera:

Venimos rendidos
desde Nazaret...

Al último decía el corito:

Dios pague señores
vuestra caridad,
y así os colme el cielo
de felicidad.

Y cuando decían eso entonces ya se abría la puerta de par en par:

¡Entren santos peregrinos!,
¡Peregrinos!
Reciban este rincón
no de esta pobre morada
sino de mi corazón.

Y ya pos entonces gran alboroto. Empezaba a cantar la gente:

Ándale Lydia no te dilates
Con la canasta de los cacahuates

Las vecinas ya habían sacado las sillas de antemano y tenían todos los faroles prendidos. Te sentabas y te ponían en la falda tu naranja, tu lima, tus cacahuates, tu pedazo de caña y colaciones. Y luego a darle a las piñatas. ¡Noooo!, pos ya te imaginarás. Piñatas de cántaro, de barro las piñatas. Las hacían las mismas vecinas. Eran de estrella, no como ahora que de Wendy que de Peter Pan. No, estrellas de tres picos de puro papel de china con engrudo – ¡Qué resistol ni qué nada! - ni se soñaba con que se hicieran esas cosas. Hacían una olla de engrudo, que es un atole espeso de harina que cuando lo untas y se seca se lleva de paso al resistol. Hacían los cucuruchos de papel de periódico y lo forraban de colores con un papel de china, que luego de doblarlo lo cortaban con el filo de las tijeras jalándolo para hacer chinitos. Y se lo pegaban a toda la piñata. Eran tres o cuatro piñatas según la categoría de la que ofrecía esa noche la posada.

Además, se ofrecía ponche para la gente grande que indudablemente llevaba su piquetito. Las piñatas estaban rellenas de colaciones, dulces corrientes muy ricos, cacahuates y tejocotes. Y eso era. Sentarte, a chuparle a la caña, a morderle y a tirar la cáscara y luego un cacahuate y luego una lima y luego una colación y luego una naranja y así te pasabas la noche comiendo. Después de eso, empezaban mis tíos a cantar y a hacer la chorchita con las jovencitas de la vecindad.

Las fiestas de aquel entonces no eran ni fiestas, ni tardeadas. En mis tiempos eran tertulias. Había gente tan acomodada en la vecindad que yo me acuerdo que unas muchachas tenían piano en su casa. El lujo de entonces era que las señoritas de la casa tocaban el piano. Era algo así como inevitable. Así que mis tíos las acompañaban con las guitarras y tocaban canciones de la época muy bonitas. Pero antes se ponían a jugar. Yo andaba de metichona porque era una escuincla. Dónde iba yo a participar de todo aquello, pero con el "conque" de que eran mis tíos los que llevaban la voz cantante, pues ahí estaba yo también.

El juego consistía en que de un pedazo de papel de periódico, hacían una bolita muy compacta como una pelotita y se sentaban todos los muchachos y las muchachas alrededor de la sala para entretenerse con un juego que se llamaba el navío. El organizador, que era el que llevaba la dirección del juego, sin decir nada agarraba la pelota y decía:

Ahí va un navío, un navío, un navío
Cargado de...

Y al que menos se lo esperaba –le llamaban el chayote– le aventaba la pelotita y aquella persona tenía que contestar rapidísimamente. Por ejemplo, si le había tocado la "c", el cuate decía:
– ¡Cargado de casas! Y luego:

Ahí va un navío, un navío, un navío
Cargado de...

– ¡Niños!, contestaba el otro cuando le tocaba la "n".
Y si se equivocaba ya sabrás la risa, el desconcierto y demás. La cosa era que el que perdía, tenía que dar una prenda: un aretito, un anillo, un broche del pelo. O si era hombre, su lapicera, pero algo tenía que dar. Había muchachas o muchachos muy listos que no se les iba una, estaban atentos y pa' pronto contestaban. Así se alargaba el juego y era donde la risa y todo florecía. Pasaban un rato muy agradable. Después el mismo organizador agarraba la cajita con las prendas una vez que todos habían perdido y decía:
– ¿Qué le dan de castigo a la prenda que va salir?
Y ya decían todos:
– ¡Que recite!, decía uno.
– ¡Que declame!, decía el otro.
– ¡Pues es lo mismo!, decía el listo.
"¡Que cante!", "¡Que toque el piano!", "¡Que cuente un chiste!", "que, que, que, ¡Que le dé tos!". Puras cosas chuscas. Entre lo serio había cosas muy chuscas y era motivo entre la juventud de mucha risa y de pasar los ratos verdaderamente agradables. Después se ponían a cantar y la anfitriona empezaba a repartir vasitos de agua fresca, porque los refrescos ni se conocían ni de ningún sabor, ni tamaño, ni color, ni nada. Se hacían aguas frescas de frutas naturales. Los sándwiches, los bocadillos de ahora, tampoco se conocían, hacían cositas más típicas,

más mexicanas, como los buñuelos. Mientras merendaban tocaban el piano y los que cantaban, cantaban. Y mis tíos con la guitarra.

3.

Un murmullo es arrullo y frenesí

Mi tía Leonor se casó con un muchacho guapísimo egresado del colegio militar 10 años más joven que ella. Era médico militar. Mi tía Altagracia se casó y se divorció. Entonces ella tuvo la necesidad de irse a vivir con nosotros. Nos cambiamos a una casa en otra vecindad antiquísima por la calle República de Haití. El patio de la casa cerraba con el muro del Convento del Carmen. Del techo salían alacranes. Mi mamá tenía que revisar las vigas todas las noches para que no cayera un alacrán en las camas.

No había televisión. Ni a radio llegábamos en nuestro medio. Los muchachos jugaban a las canicas y al trompo. Las niñas jugaban con los huesitos de los chabacanos que hasta los pintábamos con anilina para distinguir de quién eran los rojos, los verdes, los azules y de quién los amarillos. Poníamos los huesos recargados en la pared en donde hacía ángulo con el piso y con una canica se trataba de tumbarlos a ver quién tumbaba más. Eso era durante la tarde después de ir a la escuela. Ya que terminábamos la tarea, nos salíamos a brincar la soga. Ya tardeando la tarde, nos metían los papás y ya después de cenar nos permitían salir otro ratito.

En aquel entonces no era como ahora que proliferan los negocios. Que todos lo que son calles y avenidas se han convertido en comercios chicos grandes y regulares. Antes el comercio acudía a tu casa. Desde muy temprano y desde tu vivienda empezabas a oír los pregones.

Los pregoneros eran gente que entraba a las vecindades a pregonar con un tiplecito muy mexicano porque además era gente de ascendencia muy humilde y muchos de ellos indios o indias. De los primeros pregones que yo me acuerdo era el de la flor. Entraba la india con su enagua larga, su blusa de escote cuadrado y si hacía frío, su rebozo. No se usaba el suéter entre la gente del pueblo. Entraban pregonando su mercancía:

> *Niiiiñas*
> *Aquí están sus flooooooores niiiiiiiñas*
> *Naaardos, margariiiitas, claveeeles, roooosas, tulipanes*
> *Sus flooooooores niiiiiiñas*

Se paraban a medio patio de la vecindad. Bajaban un canasto redondo que se ponían sobre la cabeza ayudadas por una rueda tejida de un rebozo viejo para poder hacer el sostén de aquel canasto, de su chiquigüite, así redondo tejido de los petates de la palma entreverados con varitas de carrizo. Pregonaban, y los que necesitaran o quisieran flores, salían a comprarle.

Luego de ratito llegaba otra pregonera que vendía chichicuilotitos. Un animalito del Lago de Texcoco. No te imaginas cuánta cosa había para comer en el Lago. Había chichicuilotitos, patos y un pescadito blanco que le nombramos charal. El pueblo se proveía de alimento del Lago de Texcoco desde el tiempo de los aztecas. Eso es totalmente prehistórico y fue una costumbre que se siguió dando aún en mi niñez.

Mi tía Josefina se acordaba tanto de los pregones de los chichicuilotitos porque tenían una manera muy especial de dar a saber que habían llegado. Decían:

> Los chichicuilotitos vivs - *para decirte que estaban vivos.*
> *Aquí están los chichicuilotitos vivs*

A mi tía Josefina nunca se le olvidó eso, porque efectivamente había chichicuilotitos vivos amarrados de las patitas y había muertos ya pelados. Si tú los querías para el día siguiente, los comprabas vivos, les alimentabas ahí cualquier cosa y luego tú los matabas. Y había quienes los hacían para ese mismo día y ya iban pelados. Eran de feo aspecto, por el estilo de las codornices, más bien tirándole a pato, pero muy sabrosos. Era una carne limpia, muy sana y barata.

En la vecindad de Ecuador no entraban las pregoneras. Seguramente no había clientela. Era gente con mejor posibilidad económica. Ellos iban al mercado de la Lagunilla. Pero ya acá en la calle de Haití, de donde salían alacranes de las vigas del techo, sí entraban los pregoneros.

Llevaban frutas, tunas, nopales y zapotes blancos. Mas tarde, ya pasando las primeras horas de la mañana, llegaba otra clase de pregoneros. Cada uno con su grito característico.

Luego a veces venían los afiladores. Hasta la fecha, aquí en Guadalajara a mí me da nostalgia oírlo porque me recuerda aquellos años. Traen un organito chiquito de notas aguda a grave y van silbando. Aquí en Yuca, le hablo al de la caseta y le digo dígale al afilador que pase al 11, porque ni de chiste lo veo, pero lo oigo y si necesito afilados mis cuchillos lo hago pasar. Entonces era lo mismo, salía la gente, le entregaba lo que querían afilar fueran cuchillos o fueran tijeras. Él no gritaba, no pregonaba, él silbaba.

El señor de los azucarillos tenía una tabla con una tijera que se abría y encima de las tijeras ponía la tabla con los azucarillos. Tenía una guitarra y cantaba.

Sus azucarillos niños

Desde el corredor salían los chiquillos de las casas a comprar el azucarillo que costaba un centavo. Lo sabroso del asunto, aparte de que el azucarillo era una verdadera delicia, era que te componía una canción. Yo llegaba con mi centavo y le decía:

– Yo quiero uno.

Me lo daba y cuando empezaba a saboreármelo, él empezaba acorde con la guitarra:

A esta niñita chiquita bonita
De pelo bonito rizadito clarito
Güerita de ojitos claritos

Te improvisaba un versito al son de la guitarra mientras te comías el azucarillo. Fíjate qué curiosas costumbres. Eso yo jamás lo volví a ver en ningún lado más que ahí.

Cada pregonero tenía su identificación muy particular según como gritaba las cosas:

Aaaaalgo que soldar
Tiiiinas, cubetas, cacerolas que componer

No había plástico pero ni por equivocación. No existía el plástico en ninguna de sus formas. Ahora nada raro es que una tina sea de plástico, las cubetas son de plástico, todo es plástico. En aquel entonces hacían todas esas cosas de lámina galvanizada y con el uso se le caía la soldadura y empezaba a chorrear. Los pregoneros llevaban una bolsa de cuero que se la detenían en la espalda pero se la ponían por delante y en la mano llevaban un brasero portátil y carbón para calentar el cautín con el que pegaban la soldadura. Derretían cautín al rojo vivo y con unos utensilios aplanaban la soldadura y quedaba perfecta.

Las tinas de las que te platiqué donde mi mamá jabonaba la ropa, una tina grande y ancha que la ponía en el sol. Eran las tinas con las que las amas de casa se auxiliaban hasta para bañar a los hijos porque en las casas humildes no había regadera. Lo más común en aquel entonces era que la gente se fuera a bañar a los baños públicos, que también había sus categorías. Mi mamá cada ocho días iba al vapor y me llevaba a mí a unos baños que estaban también rumbo a La Lagunilla.

Entre semana la gente se podía dar un baño parado en la tina aquella. Usaban una resistencia para calentar el agua adentro de un recipiente de barro. Pero en verano yo me acuerdo que ponían la tina en el patio para que se calentara con la luz del sol y a las doce del día bañabas a los chiquillos. Ése era el concepto del baño.

Yo ayudé a cuidar a mucho a mis hermanos. Con los últimos hermanos hasta me tocó auxiliar a la partera cuando nacían. Era un puro cuarto en el que vivíamos además de la cocina con el pretil y la mesa del comedor. Alrededor de la cama de la parturienta ponían unos lazos con sábanas para darle cierta intimidad. A mí me dejaban por fuera de la sábana pero deteniéndole a la señora el irrigador, un depósito de peltre blanco donde ponían el agua tibia para estar lavándole a la mujer después del parto. Me decía la partera: "Tráeme el algodón" y "ve a tirar el cómodo".

Vi nacer el radio. A mí Dios me ha bendecido enormemente porque nací en el siglo en que se ha descubierto todo. Desde el radio hasta la llegada a la luna. Imagínate eso lo que significa. Yo recuerdo cuando todavía vivíamos bajo el amparo y el abrigo de mi tía Josefina haberla visto sentada con una cajita en las piernas que tenía un botón que indudablemente era la sintonización, y unos audífonos con un cordón que iban a la caja. La única que oía era ella. Todavía no se inventaban las bocinas. Me arrimaba con mucha curiosidad a verla.

- ¿Quieres oír?- me preguntaba.

Seguro yo le decía que sí porque se quitaba los audífonos y me los ponía. Yo me quedaba asombrada. No sabía de dónde estaba saliendo aquella voz de la caja. De ahí vino el radio de cajón. Unos cajones grandes medio curvos de arriba. Debo de haber tenido 5 ó 6 años cuando empezó la XEW en México. Alguna de las vecinas tenían radio y se oía ahí en el vecindario. Yo tanteaba la hora de los cuentos narrados por un locutor llamado Manuel Bernal. Fue un declamador de lo mejor que ha dado México, y locutor de los inicios de la XEW. Narraba los cuentos para niños en el programa de radio bajo el seudónimo del *Tío Polito*. Yo iba y me sentaba en la escalera, lo más cerquita que podía de la puerta de la vecina, para oír los cuentos. También narraba Pedro De Lille que fue otro gran locutor. Hombres dotados de una voz que les registraba preciosísimo en el micrófono.

Fue la época de oro del radio. Toña la Negra, Agustín Lara, Las Hermanas Águila. Pero anteriores a ellos fue un cantante que tenía una voz fenomenal que le decían el Tenor de la Voz de Seda ¡Juanito Arvizu!

Esos eran los artistas de aquel entonces. Puras canciones románticas preciosas como *Amapola del Camino:*

> *Amapolita, amapola*
> *¿te quieres casar conmigo?*

Otro gran artista y compositor fue Joaquín Pardavé. Yo todavía veo películas suyas en la televisión. Fue un actorazo. Es el de la canción de la *Varita de Nardo*. Decía la canción más o menos:

Varita bonita, varita de nardo
Cortada al amanecer...
Mi novia parece varita de nardo
Como flor o cual mujer.

Fíjate que tonterías, seguramente era una muchacha muy alta y muy delgadita. Pero pos uno se embelesaba con la letra de las canciones. Y luego:

Cuatro milpas tan sólo han quedado
del ranchito que era mío ¡ay!
De aquella casita tan blanca y bonita
lo triste que está.

También conocer la historia de Agustín Lara es interesantísima. Él tocaba el piano en una casa de asignación. Ahí fue donde le dieron el pajarrazo aquel que le atravesaba todo un lado de su cara. Fue un músico que le dio mucha gloria a México. Sus canciones le dieron la vuelta al mundo. Sobre todo *la Suite Española*. El mérito grandísimo de Agustín Lara era que sin conocer España le tenía canciones a Granada y a Madrid. Y canciones preciosísimas. Pasodobles a los toreros.

Agustín Lara también tenía un programa en la W, en las tardes, arrimada en mi sillita, me quedaba sentadita oyendo. Mi mamá decía que era una niña muy quieta, tranquila, muy cuidadosa. Qué esperanzas que me sentará en el suelo porque se me ensuciaban mis chochonitos. Fíjate una niña tan chiquita, y ya me gustaba lo romántico, lo tierno. Lo que es lo que traes adentro.

Luego empezó a entrar la música norteamericana y a mí se me grabó mucho aquella canción, no sé si la has oído *"Chik to chik"*. Iba así la tonadita:

Eres tú mi sueño
Y el consuelo que hace al corazón latir
Un murmullo es arrullo y frenesí
Cuando bailo con mi cara junto a ti

La bailabas. Ya para entonces se usaba que bailaran las muchachas y los muchachos. Anterior a eso eran polcas y mazurcas. Pero ya de bailar de cachetito y todo hasta por ahí del 35 o puede que poquito antes.

Otro grato recuerdo es el de la Orquesta Sinfónica de México, dirigida por el connotado director Carlos Chávez. Son nombres y cosas que, si para mi marido no le dicen nada, a ustedes tan jóvenes menos. Pero si toca la casualidad que alguien de mi edad que haya vivido en México, como una amiga que me habló ayer para pedirme la receta de la sopa de tortilla, me oyera hablar, corroboraría todo lo que estoy diciendo.

En la escuela había periódicamente eventos culturales y paseos. La escuela estaba en República de Argentina a dos cuadras de la plaza del mercado de La Lagunilla pasando por un costado de la Iglesia de Santa Catarina. Todo se movía en ese pedacito de vida. Todo tranquilo. Los coches ¡nombre que barbaridad!, un coche ahorita y otro a la media hora. El transporte más común era el tranvía. Costaba diez centavos y había planillas que si comprabas tres te costaba veinticinco. Empezaban los camiones, pero apenas empezaban. México llegaba hasta la Glorieta de Peralvillo. De la Glorieta de Peralvillo a la Villa no había nada.

Me acuerdo cuando se instaló la Ford Motor Company en la Villa, yo lo tengo como si ahorita fuera. Se armó el gran revuelo:

- ¡Se viene la Ford a México!
- ¡Se instala la Ford en México!

Las instalaciones quedaban exactamente a mediación de la Villa de Guadalupe y la Glorieta de Peralvillo, sobre la calzada de la Villa. No estaba ni pavimentada. La misma Calzada por donde llegan ahora todos los peregrinos.

En una ocasión del Palacio de Bellas Artes mandaron unos boletos porque iba a haber un concierto con la Sinfónica de Carlos Chávez en la tarde y mandaron regalar unos boletos para que se nos distribuyera a los niños más aventajados en compañía de un adulto. Yo tuve la suerte de que me dieran un boleto.

Yo no sabía de música buena, lo único que sabía a la perfección era que estaba maravillada. Ver las ejecuciones del director, la cantidad de músicos, y aquellos instrumentos. Es uno de mis recuerdos inolvidables. Fue la primera vez que entré a Bellas Artes y me tocó ver el maravilloso telón de vidrio que creo y tengo fe, que todavía existe. Era algo verdaderamente espectacular.

Para las excursiones escolares nos pedían que trajéramos el dinero para el tranvía: diez centavos de ida y diez de regreso. Fíjate lo que era el dinero. En mi casa con un peso diario comíamos. Muy estirado, muy bien administrado pero era un peso con lo que comía una familia de la clase media para abajo tantito. Porque mi familia, mi mamá y mi papá, fueron bajando. Luego te platico porqué. Te decían:

- Se traen su agua y su torta.

En un pomo de vino te hacía tu mamá agua fresca y una torta frijol con queso o papa. Yo no conocía el jamón. Si lo comían era la gente muy acomodada.

Las excursiones consistían en ir a los lugares que entonces eran lejos. Nos llevaban a los Dinamos de Contreras donde existía una hidroeléctrica. Los alrededores eran muy bonitos porque había agua y muchos árboles que daban sombra. Nos llevaban a Tlalpan que también era una cosa preciosa. Una Alameda de árboles bellísima. No había nada, era campo. Lo mismo en el Desierto de los Leones donde existió un convento. Llevábamos soga para jugar a la reata y los que tenían pelota la llevaban. A buena hora regresábamos más o menos tanteándole la hora a la que salíamos de la escuela.

Con mi familia iba mucho a Chapultepec de paseo. Era el modo como se divertía antes la gente.

Cuando se podía todavía salir y pagar camión para toda la chorcha de chiquillos, mi mamá y mi papá eran muy dados a llevarnos de día de campo al bosque de Chapultepec. En las mañanas había unos andadores por donde paseaban los caballistas de la alta sociedad y ya para mediodía aquello se acababa.

Mi mamá hacía su canasta. Se veía preciosa la canasta con la comida. Hacía taquitos y los envolvía en el papel café de las tortillas que yo hasta la fecha guardo y uso, y luego en una servilleta. Los taquitos llegaban aguaditos, sabrosos. Llevábamos pelota y soga para brincar. Corríamos toda la mañana y nos asoleábamos. Mi mamá se sentaba en la sombrita de un árbol y mi papá jugaba béisbol con los chiquillos.

En cuanto empezaba a caer la tarde y amenazaba la lluvia, corríamos al camión para regresar a casa. Cuando no se podía ir hasta allá, nos íbamos a la Alameda Central que está frente al Palacio de

Bellas Artes en pleno Centro Histórico de la ciudad a pasar las tardes. A oír la música. Siempre había música. Si acaso había 5 centavos nos compraban un globo, y si no, nos contentábamos con verlos.

Mi papá y mi mamá fueron un matrimonio muy integrado. Mi mamá con muchos calzones y con mucha energía pero así era necesario porque mi papá era un pan de dulce. Si mi mamá no hubiera tenido esas energías, quién sabe cómo nos hubieran formado.

Son cosas muy placenteras para mí de recordar. No recuerdo nada de eso con amargura. Cuando uno está chico, no te importa si hay comida, si no la hay o si hay suficiente. Tu madre se angustiará y tu padre pero tú no. Así te llenen la pancita te da lo mismo de lo que te la llenen. Pero lo que sí te queda para vivir es esa armonía, es ese convivir con tus padres. Eso lo es todo ¿me entiendes? Para mi papá Ramón, yo era la niña de sus ojos porque toda la vida me dijo La Niña. No me decía Nelly, ni hija. Me decía La Niña. De casada yo seguía siendo La Niña para él.

Cines en la Ciudad de México había unos cuantos y donde no había recursos, pues aunque hubiera cine no se podía. En la casa no había recursos. Mi mamá año con año con año tenía un niño. Y el ingreso de mi papá era el mismo. Y claro, nunca ajustaba. Al grado de que llegó el día de que mi mamá empezó a trabajar de costurera. Bendito sea Dios, era tan habilidosa para la costura. Para cortar, coser y demás. Yo me acuerdo que me dormía y me despertaba y el chaca-chaca-chaca de la máquina de coser nunca paraba. Ya por último hasta con una vela se iluminaba porque nos quedamos sin luz. La categoría de las vecindades en que vivíamos fue bajando y bajando. Por último vivimos en un lugar feo. Se tendía la ropa en lazos afuera de las casas. Era un espectáculo triste. No te voy a decir que había gente malviviente, gente mala. Pero gente muy pobre y dentro de ese ambiente estábamos ya metidos nosotros.

Mi papá Ramón llegó a ser un excelente tornero de la Fabrica La Consolidada, S.A. Una de las primerititas empresas que había en México de exportación. Hacían tornillos, tuercas y piezas chicas de mucha delicadeza de tornos. Pero mi papá tenía unas cualidades de líder muy inclinadas al trabajador. Entonces los sindicatos no existían. Había nada más lo que se llamaba el sindicato blanco, que lo formaba la empresa y los empresarios. El trabajador ahí no contaba. En eso empezó precisamente a surgir la cosa del comunismo en Rusia y poco a poco se fue extendiendo con la muerte de los zares.

Cuando llegaron los rumores comunistas a México se formaron los sindicatos rojos. A mi papá le dio por formar uno dentro de la fábrica. Era una fábrica enorme. Lo que le costó el empleo. Lo corrieron de la fábrica. Y ahí empezó la época penosa de mi familia económicamente.

La Consolidada no sólo se encargó de correr a mi papá sino que lo boletinaron en todas las empresas de torno y de mecánica en lo que era entonces el México de principios de siglo. En ningún lado le daban trabajo por rojo. Porque tenía tendencias hacia el obrero. Él quería formar ese sindicato, no para proteger al patrón, sino para proteger al obrero. Para hacer valer sus derechos y exigir más protección para los hombres que estaban haciendo ricos a los empresarios.

Mi papá tenía un compañero de su juventud que tenía una imprenta, de las pocas imprentas que había entonces en México y él le dio trabajo. Era un trabajo muy mal remunerado. Mi mamá tuvo que empezar a trabajar para poder completar. La familia cada día aumentaba. Mi mamá fue muy prolífera. Tuvo diecisiete hijos. Varios embarazos no llegaron a término. Otro embarazo fue de un niño que murió a los seis meses. Con el tiempo, murió una hermana a quien quise mucho. Al final quedamos once.

4.

Amor y cuidado nunca es disimulado

É ramos muy pobres, pero ¡bendito Dios! nunca nos dejaron sin comer. Si había sólo medio litro de leche, lo hacía mi mamá en atolito de mate. Lo que es ahora la maizena y antes le decían sagú. En una plaza que nos quedaba cerquita de la casa, las piezas de pan costaban tres centavos y tantas piezas de pan por cinco. Nos hacía arroz, no con leche, sino con piloncillo. Imagínate qué cosa tan nutritiva en la noche para merendar.

Jamás me acuerdo que nos hayan dado un café negro ni puros frijoles. A mediodía la sopa, el guisado de papas o de ejotes y los frijolitos al último siempre estaban de relleno.

Mi mamá me pedía que fuera al mandado cuando llegaba de la escuela porque ella vivía pegada a la máquina de coser. Me daba un peso y me hacía la lista. Las indias Marías, afuera del mercado, vendían unos rábanos que les llamaban roña. Tenían los rábanos muy bien lavados que agarraban por las hojas y con una navaja la tallaban. Dejaban que cayera la cáscara en una batea donde había jugo de limón, sal y chile en polvo. La cáscara de esos rábanos es especialmente picosa. Todavía se me hace agua la boca de acordarme del sabor.

Ya pelado el rábano, le exprimían limón y lo embarraban de aquella mezcolanza que tenían en la batea. Yo me clavaba un centavo del dinero que me daba mi mamá para comprarme la roña. De regreso a casa, lo último que me compraba después del mandado era una hoja de tamal con nopales. Las vendían las mismas indias ahí en el mercado. Les llamaban nopales compuestos: "Ándale, niña, los nopales compuestos".

Me regresaba a la casa comiendo nopalito por nopalito. Yo llegaba muerta de hambre de la escuela, entonces ya te podrás imaginar a qué me sabía la roña y a qué me sabían los nopalitos. Me clavaba tres centavos para poderme dar esos gustos, pero mi mamá lo sabía. Llegaba y le decía "mamá pos yo gasté tres centavos". No me decía nada, aunque para ella era mucho. Era un capital que podía significar parte del pan en la noche.

En medio de nuestras estrecheces nos alimentaba muy bien. Los huevos costaban entonces dos por cinco centavos. Pero las yemitas, o sea los huevos que se les rompían y se les tiraba parte de la clara, las daban a tres por cinco. Yo diario compraba tres yemitas de cinco centavos dentro de la lista del mandado para que nos diera mi mamá algo con huevo ¿Te das cuenta cómo se estilaban las cosas en aquél entonces?

Mi mamá compraba plátanos machos y manzana, ya ésa de segunda, pero no podrida y en esos rescoldos del pretil por donde caía la ceniza y los pedacitos de carbón encendidos, metía los plátanos, las manzanas y también membrillos. Poco a poco, con la ceniza que iba cayendo, se iban cubriendo y se hacía las veces de un hornito. A media tarde que nos daba hambre:

– Mamá pos qué…

– Ahorita – nos decía ella.

Iba mi mamá con las mismas tenazas con que manejaba el carbón y sacaba aquello. Lo ponía en un traste, le limpiaba las cenizas con cuidado y le quitaba la cascarita. Era miel la que le escurría a la fruta.

Mi mamá siempre procuró nutrirnos. Siempre procuró dentro de nuestras estrecheces económicas tenernos bien alimentados.

También te quería platicar que entre la calle de Ecuador y República Argentina, a dos cuadritas estaba otra Avenida que se llama Jesús Carranza y ahí empezaba el famosísimo Tepito, la zona más temida de México. Desde entonces lo era. Ahí iba a dar todo lo robado. Al final nosotros llegamos a vivir en la calle de Jesús Carranza. A tres cuadras de Tepito.

Había una placita, porque no era mercado. Había molino, tiendas de abarrotes, puestos de verduras y de fruta. Ahí nos surtíamos. Ya no íbamos a La Lagunilla, tanto por la lejanía como porque acá se conseguían las cosas más baratas. Vivíamos en un edificio que era de tres pisos. Teníamos el departamento número 99. Eran 100 departamentos chiquititos como huevitos. Ahí ya era otro ambiente, era otra cosa. Ya no se tendía en el patio, se tendía en la azotea. Cada departamento tenía una jaula de malla con su candado. Me acuerdo que me decía mi mamá:

– Hija, sube a la azotea por la ropa.

Me daba la llave y yo me subía, pero antes de sacar la ropa me sentaba en la bardita del edificio. Quedaba alto porque abajo veías pasar los coches de la avenida Jesús Carranza. Y me sentaba las horas enteras a ver los volcanes. Mi tía Josefina siempre decía que para disfrutar de la vida necesitas tener sensibilidad a todo lo bello y ¡gloria de Dios! que yo he tenido mucha sensibilidad.

Qué espectáculo. Yo vi los volcanes con aquella majestuosidad, cortados por un cielo azul. Ya no está así el cielo. Era un azul intenso, limpio. Como dijo el Barón de Humbolt: "La región más transparente del aire". El par de preciosidades aquellas bañadas de nieve y luego de repente una nube alrededor en las faldas. Yo disfrutaba de esas subidas a la azotea a bajar la ropa. Me sentaba en la bardita totalmente embelesada. Me perdía viendo aquello tan majestuoso. Llegó a subir mi mamá en varias ocasiones para ver lo que me había pasado.

Mi papá se fue a Jalisco a buscar una mejor oportunidad de empleo. Su amigo entrañable, el Lic. Salvador Sahagún, lo había nombrado juez de un pueblo. Mi papá fue sólo sin la familia, para ver bien de qué se trataba. Mi mamá seguía cosiendo de día y de noche para los cajones de La Lagunilla. Además bordaba muy bonito. Me hacía ropa preciosa con bordado estilo español. La gente me preguntaba que quién me lo había hecho y yo les decía que mi mamá. Les decía dónde vivía y la buscaban para irle a comprar blusitas bordadas.

Mi mamá me enseñó a levantar bastillas y a sobrehilar porque no había máquinas que hicieran el zig-zag, que es con lo que acaban ahora la ropa. A mano se hacía una puntada que se llamaba orlar. Se orlaba a mano para que la tela no se deshilachara. Me enseñó también a hacer ojales. Tengo tan presente que cuando me ponía a hacer ojales, me decía:

– Quiero ojales, no quiero Guadalupanas.

38

Porque ya ves que la Virgen Guadalupana tiene rayitos como de luz en su imagen y la puntada del ojal tenía que ser parejita y seguidita.

Todo lo que era a mano como pegar botones me tocaba a mí, estando yo muy chiquita, pero era mi manera de ayudarle a mi mamá.

Un día me mandó mi mamá a la mercería con una muestra de tela para comprar un hilo del mismo color. Al dar vuelta en la esquina para agarrar la calle de la mercería, me encontré a una señora más o menos de la edad de mi mamá y más o menos así del mismo aspecto, y me dice:

– ¡Lydia! ¿Cómo te va?– y literalmente me abrazó.

Yo reaccioné y le dije:

– No, señora – le dije – yo no me llamo Lydia, pero soy hija de Lydia.

– ¿Cómo? – me dice – ¿Cómo?

– Sí, señora, soy Nelly, la hija de Lydia.

– Pero ¡Válgame Dios! ¡Qué barbaridad! Fíjate nada más. Oye – me dice – pero yo sé que tu mamá no se casó con Ángel y que después se casó con otro señor.

Eso fue para mí como un puñal en el pecho, pero que curiosamente no me hizo daño. No le dije nada.

– Bueno – me dijo con un aire de desasosiego – salúdame mucho a tu mamá. Dile que la manda saludar fulana de tal.

Fui al hilo y regresé y en vez de decirle a mi mamá lo que pasó, me lo callé. Empecé a atar cabos. Empezaron a venírseme a la mente todas las preguntas que había escuchado de otras personas en mi niñez ¿Porqué Nelly es tan distinta a todos sus hermanos? ¿Por qué Nelly tienes los ojos claros? ¿Por qué Nelly es blanca? ¿Porqué Nelly esto? ¿Porqué Nelly lo otro? Todas las preguntas que yo oía que le hacían a mi mamá. Ella decía que porque en la familia de su marido había sangre española. Porque sí, efectivamente, don Diodoro Eguiarte era hijo de español. El apellido Eguiarte es vasco.

En esos días yo me iba a dormir todas las noches a casa de una prima, Dora, que vivía a una cuadra de la casa. Mi prima era una persona de mal corazón. Hasta la fecha lo ha demostrado. Es como seis años mayor que yo.

Yo estaba en la época de la efervescencia de la juventud como por ahí de los doce años, cuando por algo me debe haber llamado la atención mi mamá y yo me fui muy enojada a casa de Dora a dormir. No sé cómo se enroló la cosa que me dijo:

– No, pos si tú no eres hija de mi tío Ramón.

Dora lo sabía. Lo oiría o las tías le habrán dicho, pero ella sí lo sabía.

– ¿Verdad Dora que no?– le dije yo.

– No, tu padre es italiano. Es rubio de ojos azules. Tu papá se llama Ángel Bellato y trabaja en la Compañía de Luz y Fuerza. Es jefe del Departamento de Cobranzas.

Eso también me lo callé. En vez de haber llegado y decirle a mi mamá: "oye mamá ¿qué hay de esto?", me lo callé.

Yo ya estaba en la escuela técnica, en primero de secundaria. Iba con mucha frecuencia, mínimo una vez a la semana a la biblioteca que estaba por la Avenida Madero que antes era un templo y lo cerraron cuando el culto. Iba a documentarme ahí para hacer los trabajos que nos dejaban en la escuela porque no había para comprarme libros como debes de suponer.

Una de las veces que iba a ir a la biblioteca, precisamente allá en los días en que estábamos por quedarnos sin luz, porque ya no había para pagarla, me dijo mi mamá:

– Mira, te va a tomar cerquita de la Compañía de Luz. Vete de una vez a pagar el recibo antes de que nos la corten.

Lo que son las cosas. El destino no tiene remedio. Llego a pagar el recibo a la ventanilla que era como una jaulita donde estaba el que cobraba por detrás.

Me formo para pagar y volteo y veo un letrero que decía "COBRANZAS". Yo sentí que el corazón se me vino hasta el estómago. Me dije en susurro para mis adentros "aquí trabaja mi papá".

Había un mostrador muy grande debajo del letrero de Cobranzas. Pagué la luz y me fui al mostrador donde estaba un señor, seguramente que era el que atendía ahí y al fondo había unos escritorios con empleados.

– Perdone, señor, ¿aquí trabaja el señor Ángel Bellato? – le pregunté tímidamente.

– Sí, niña – me contestó.

– Perdone, ¿quién es?

Pero yo con la cosa de que me dijera "ése". Yo pensé que ahí entre los empleados de los escritorios estaba mi padre y yo lo quería era verlo de lejos y punto.

– Déjame ver – y se va.

Al momento regresa. No fue a los escritorios. Se fue en dirección opuesta porque mi papá tenía oficina. Él salía a las seis de la tarde y faltaban diez minutos para las seis.

– Ahí viene – me dijo el señor y él se fue a lo suyo.

Llega mi papá Ángel al mostrador y en cuanto me vio no hizo más que salir a donde yo estaba parada. Yo me sumí de la vergüenza.

- Hijita, ¿qué andas haciendo? – me preguntó.

Pero al escuchar el "hijita" me clavé literalmente la barbilla en el pecho y no podía ni levantar la cabeza para verlo de frente.

– Ven – me dijo.

Me tomó del brazo con mucho cariño y me sentó en una banca que había a un costado del mostrador. Me tomó con mucha delicadeza la barbilla y me dijo:

– Levanta tu carita. Yo soy tu padre. Veme, yo soy tu padre. Mijita, ¿Quién te habló de mí? ¿Tu mamá? – me preguntó.

– No – le contesté.

– ¿Quién? – me preguntó

– Dora, mi prima.

– Bueno – dijo – mira, espérame diez minutos ya estoy por salir. Espérame, ya viniste, ya estás aquí, ya podemos platicar, pero espérame para salir.

Lo esperé justo diez minutos y salió aquél señorón. No era muy alto. Era de una estatura regular. Pero impecablemente bien vestido, con un señor sombrero. Yo vi un sol en él. Un sol vi yo. Como luego dicen la sangre sin fuego hierve. Lo amé desde que lo vi y me levantó la cara con aquél cariño. Bien, me pudiera haber dicho: oye niña pos tú qué andas haciendo, qué andas buscando. Y no fue así.

Enseguida de la compañía de luz quedaba la nevería Holanda que era el non-plus ultra de las nieves en México. Cuando llegamos me dijo:

– ¿Qué quieres tomar?

Y pos qué pedía, si yo no sabía más que comprar paletas de nieve de cinco centavos. Seguramente me vio tan asustada que me dijo:

– Te voy a pedir lo que yo pido siempre.

Nos llevaron a la mesa el plato con un cuadro de chocolate, un helado compacto de tomarlo a cucharadas, con mermelada de fresa, muchas nueces y galletitas de nieve por un lado. A mí me sabía aquello a puritita gloria. Yo jamás había tomado una golosina tan deliciosa.

– Mira, hijita, yo soy tu padre ya te lo dije. Yo soy tu padre y yo tenía toda la intención de, llegado el momento, buscarte para decírtelo. Yo tengo hijos y lo que menos hubiera yo querido era que un día conocieras a uno de ellos y se enamorarán. Además, yo quería platicar contigo porque nunca te perdí de vista.

– ¿Te acuerdas, hijita, que una vez te saliste corriendo de la escuela y te tropezaste con un señor que te tumbó? –Yo no llevaba mochila, seguro no había para comprarme una, llevaba los libros en los brazos- y que se te cayeron todos los libros y que el señor te ayudó a levantarlos.

– Sí – dije.

– Pues era yo.

– ¿Te acuerdas hijita, una vez que te llevaron de la escuela a una matinée a ver *La dama de las camelias* con Greta Garbo al cine y que te paraste en el intermedio y le preguntaste a un señor que estaba a mero atrás por qué en todos los cines había una especie de bardita donde empezaban las butacas que delineaba el área donde se levantaban los señores o las señoras a fumar? – Dijo - ¿que te acercaste a un señor que estaba fumando y que le preguntaste que si dónde estaba el baño, y el señor te dijo que ahí?

– Sí – le dije.

– Pues era yo.

Yo sentía la cabeza llena de golondrinas que se revoloteaban todas por salir. Me preguntó que cómo había sabido. Fue cuando le dije que me había ido a dormir a casa de Dora, mi prima, y que ella fue quién me lo dijo.

– Pues mira hijita, ya quiso el destino que nos conociéramos antes de lo que yo tenía planeado. Quiero decirte, hija, que no quiero que sea la última vez que me vengas a ver.

Le dije que yo iba a la Biblioteca que estaba por Madero, la que antes era templo.

– Sí – dijo– ya sé donde es.

Le dije que iba por lo general una o dos veces por semana y siempre los miércoles.

42

– Pues qué te parece si no le dices nada a tu mamá, si tú tienes la facilidad de venir a la biblioteca, te espero los miércoles. Ya sabes que yo salgo de aquí a las seis de la tarde, ve a tu Biblioteca haz tu trabajo y yo aquí te espero para llevarte a tomar una nieve o lo que tú quieras y platicamos.

Ahí fue lo malo. Ahí fue su metida de pata de querer verme a escondidas. A partir de ese momento fue verlo todos los miércoles a las seis de la tarde. Pero amor y cuidado nunca es disimulado, decía mi mamá. Pasaban los días y mi mamá veía que mis calcetas blancas las más limpias, las más bonitas: el miércoles. Que el vestidito más decentito y más arregladito: el miércoles. Y me iba a la biblioteca muy bañada y muy arregladita. Hasta que un día le preguntó mi mamá a Dora:

– Oye Dora ¿tú no te has dado cuenta si Nelly tiene novio?

– No tía, no tiene.

– O un pretendiente o que se vea con alguien. Yo la veo todos los miércoles muy rara pero no me he animado a preguntarle por qué, pos tampoco me da indicios de nada.

– Pues no, tía.

Entonces Dora le dijo a mi mamá:

– Pero te voy a decir. Yo te voy a decir la verdad. Nelly ya sabe que mi tío Ramón no es su papá.

– ¿Cómo?

– Pos sí, tía, un día llegó llorando a la casa que la habías regañado y le dije.

Mi mamá ha de haber puesto a Dora de vuelta y media, pero así sucedió.

Antes de llevarme al tranvía, mi papá me llevaba a Larín, una de las chocolaterías más finas de México. Me compraba una bolsa de medio kilo de chocolates. Esos nunca entraron a mi casa porque de dónde iba a justificarlos. Afuera de mi casa en el patio común había una maceta de hierbabuena. Yo escondía la bolsa de chocolates ahí entras las platas y al día siguiente me los llevaba a la escuela. Y como debes de suponer, todo el salón de clases comía chocolates.

Uno de tantos miércoles llegué de la escuela con el anhelo de ir a ver a mi papá.

– ¡Ya llegué mamá! – le grité al entrar a la casa.

– Sí – me contestó en voz baja y pensativa.

Me acuerdo, pobrecita como si ahorita fuera. Muy joven mi mamá todavía. Me tuvo a mí de dieciséis años. Mi mamá cumplía años en agosto y yo nací en octubre. Era bonita, de muy bonitas piernas. Luego te platico lo que mi papá me contaba.

Mi mamá tenía la costumbre de amarrarse un pañuelo en la cabeza para barrer. Para que el pelo no se le llenara de polvo con la barrida. Y como si ahorita fuera que encontré a mi mamá barriendo:

– Ven, Nelly, quiero hablar contigo.

Me senté en la orilla de la cama de ella y fue entonces cuando ya le vi los ojos hinchados de tanto llorar.

A ver, ¿cómo está eso de que tú ves a tu padre Ángel?

Me trabé. No supe qué contestar.

– No te avergüences – me dijo - no te estoy reprochando nada. Nomás quiero saber cómo fue que lo buscaste.

– ¿Te acuerdas el día que me mandaste al hilo? – le pregunté.

Y le conté todo lo de la señora y lo de mi prima Dora.

Mi mamá no dejaba de llorar. Ya por terminar, me preguntó:

– Bueno y ¿cómo fue que lo seguiste viendo?

– Porqué él me pidió. Él me dijo "quiero seguirte viendo, si tienes la facilidad de venir a la biblioteca, pues te pasas, platicamos, nos vemos y te llevo a tomar algo que se te antoje, pero no le digas a tu mamá."

– ¡No, si igual de cabrón y de poco hombre como toda su vida! – me contestó alterada mi mamá. ¿Por qué crees que a pesar de querernos tanto no se casó conmigo? La madre influyó tanto en él, fíjate que de premio de consolación de que terminó conmigo en aquellos ayeres, lo mandaron a pasear a Nueva York.

Mi abuelo era italiano, de Parma, se llamaba Antonio Bellato Cinellato. Tenía una tienda de abarrotes en San Pedro de los Pinos con lo mejor de exportación de España y de Europa. Se llamaba "Ultramarinos Finos y Licores". Vendían chorizo español, jamón serrano, aceite de oliva, todo.

Mi papá era el clásico júnior de aquella época: hijo único, chiqueado y consentido. Empleaba las tardes en ir a jugar billar. Los billares de aquel entonces no estaban abiertos que al pasar ves todo.

Tenían unas puertas de rejillas que se abatían. Se empujaban hacía afuera o hacia adentro de tal suerte que de la puerta al suelo quedaba un metro abierto. Un día, estando mi papá en posición de darle a la bola de billar, volteó a la puerta y vio pasar un par de piernitas muy bonitas. Se fijó en el reloj. Al día siguiente se estuvo al pendiente a esa misma hora y, efectivamente, volvieron a pasar las piernitas. Así pasaron los días hasta que no aguantó y se salió a la esquina a esperar a ver de quién eran aquellas piernas. Se encontró con que eran de una muchachita que andaba en catorce años, los quince no cumplidos. Y allí empezó el romance.

En aquellos ayeres, qué iban a saber las muchachas. Se llevó a mi mamá con engaños y con una vez hubo para que mi mamá quedara embarazada.

No se casaron. Mi abuela Emilia, la mamá de mi papá, no lo permitió. A mi papá lo mandaron a Nueva York para que se le bajara el enamoramiento y cuando el regreso yo ya había nacido.

Al poco tiempo traía otra muchachita por ahí del barrio, muy parecida a mi mamá en personalidad, morenita clara, de boquita fina, de bonitos ojos: Leonorcita, su esposa.

Después supe que mi papá se las llevaba con engaños dizque a visitar a una prima. La prima no era más que la vieja alcahueta que se prestaba a dejar entrar a los muchachos a su casa mediante un pago y les rentaba un cuarto. En aquel entonces no había hoteles de paso ni había todo lo que hay ahora. Esa vieja alcahueta fue la misma señora que yo me encontré aquel día que fui por el hilo. Ella fue la que proporcionó el lugar para que sucediera lo que sucedió.

Leonorcita también quedó embarazada y mi papá le quiso hacer el mismo chiste a ella que le había hecho a mi mamá, con la diferencia de que con Leonorcita había hermanos. Eran ferrocarrileros de la raza, de armas tomar y un buen día lo fueron a buscar a mi papá y tan fácil como que le sacaron una pistola y le dijeron:

– O te casas, o te lleva la chingada.

Y así fue como se casó con Leonorcita. Fue tan trágico que se haya casado con otra. Mi papá a mí me lo decía:

– Para mí el amor de mi vida fue tu madre. Nunca pude llegar a querer a mi mujer como quise a tu mamá.

Mi mamá, mi tía Josefina y mi abuelita Petrita iban al mismo baño de vapor. Había baños turcos y baños rusos. El ruso era el seco, y el turco era el húmedo, lo que es ahora el sauna y el vapor. Tenían una masajista que les daba frotaciones después del baño. Ella le descubrió el embarazo a mi mamá en la masajeada a los cuatro meses de embarazo pero no le dijo nada.

Mi mamá lo sabía, pero cómo crees que lo iba a decir si entonces era pecado capital hacer una cosa de ésas. Imperdonable, una falta imperdonable. Una mancha de honor para las familias aristócratas que se las lavaban con sangre. Cuando le tocó pasar a mi tía Josefina al masaje, le dijo:

– Oiga Josefina ¿qué no se han dado cuenta usted y Petrita de algo?

– No, ¿de qué?

– De que Lydia está embarazada.

Excuso decirte la que se armó. Quisieron obligar a mi papá a casarse pero nomás no se pudo. Mi mamá vivía con mi abuelita Petrita y mi tía Josefina en la casa del caricaturista de ascendencia francesa, Andrés Audifred, mi padrino de bautizo. A la mamá de mi papá, mi abuela Emilia, no le gustó eso para nada y puso el grito en el cielo cuando se enteró. Era una señorona de muy altos vuelos y como cosa hecha adrede, para la penitencia eterna, dicen que tengo la misma cara de la abuela Emilia.

Mi papá tenía dieciocho y mi mamá dieciséis. La clásica muchachada. Ya te digo, ésa es la historia de mi papá Ángel y de ahí que surgieron mis dos familias: la rama de los Eguiarte, que es el apellido que a mucha honra tengo, y la rama de los Bellato.

Yo seguí viendo a mi papá como debes de comprender, nada más que ya entonces con todo el permiso de mi mamá. Ella hasta se encargaba de planchar mi mejor vestidito los miércoles.

Fue la misma cosa con ella: "no le digas al tal por cual de tu padre que yo ya lo sé, no se lo digas. Tú vete como si fueras a la biblioteca y ya". Pero de ahí en adelante ya empezaron a entrar los chocolates de Larín a la casa para disfrutarlos mis hermanos, mi mamá y yo.

5.

A Chepa, flor de arrayán

L a pura vida de mi tía Josefina fue digna de un libro. Si yo me pusiera a platicarte con lujo de detalle su vida te lo podría hacer perfectamente, porque de lo que yo no me acordaba o no sabía, ella se encargó de platicármelo. Era una mujer tan abierta y liberal en tantos sentidos que no le importaba decirme todo lo que había visto y vivido. Para mí no había secretos.

Fue la mayor de cuatro hermanas que eran, por orden de aparición: Josefina, Mercedes, Clara y Lydia. De cariño a mi tía Josefina le decía Chepa. A mi tía Mercedes, la Muelona, porque tenía de esas mandíbulas saliditas media trompudita sin que fuera una cosa deforme. A mi tía Clara, como era tan dulce, le decían Claris y a mi mamá Lila. Cuando yo nací mi tía Josefina tenía precisamente 25 años.

Mi abuelita Petrita no sé por qué azares o motivos de la vida se crió en el Hospicio Cabañas, que era en aquel entonces una especie de orfelinato que fundó el Obispo Cabañas que continuó la obra de Fray Antonio Alcalde, el mismo que fundó el Hospital Civil de Guadalajara.

Pertenecer o decir que eras de descendencia hospiceña no era ninguna vergüenza. Al contrario, era un honor decir "Yo me crié en el Hospicio". Porque las hospiceñas hablaban, más importante que ahora el inglés, el francés instituido por Don Porfirio. Bordaban como los ángeles. En una ocasión bordaron un mantel que apenas en uno de los corredores del Hospicio cabía. Pusieron las telas sobre unos bastidores y alrededor se sentaban las niñas a bordar. Ese mantel lo mandó regalar México a la Zarina de Rusia. La última Zarina que tuvo Rusia.

Todo lo que sonaba a hospicio era de primerísima. Y ahí se crió mi abuelita Petrita. Tenía papás y no te doy razón de por qué se fue a criar allí. Si me lo dijeron nunca le di la debida importancia.

Las sacaban a pasear pero nunca solas. Salían en grupos y marchaban de dos en dos. No se desviaban ni con la mirada. Pero con todo y eso, en una de esas salidas conoció a mi abuelo Claro, el papá de mi mamá. Él fue maestro de torno y de mecánica automotriz en la Escuela de Artes y Oficios. Las muchachas tenían todo el derecho de tener novio, pero con permiso de las directoras del hospicio. Así que él se dirigió a la dirección y empezó el noviazgo con mi abuelita. Se casaron dentro del hospicio.

Pero si ahora existe el machismo, en aquel entonces era peor y más cuando empezaron a usarse los automóviles. Mi abuelo tenía el único taller en Guadalajara que reparaba autos, además era el único hombre que sabía manejar. Enseñaba a manejar a todos los hijos de Guadalajara. Tenía roce con toda aquella gente y se le empezó, como dicen vulgarmente, a subir. Le empezó a dar muy mala vida a mi abuelita Petrita.

Cuando adquirió su taller, contrató a una secretaria para la cosa financiera. Ya tenía hasta teléfono, de esos teléfonos de caja y la empleada del taller, porque no podíamos decir que era secretaria, se llamaba Yanira. Muy buena mujer, pero mi abuelito pa' pronto se la empezó a trabajar y le puso casa. La consecuencia fue que abandonó a mi abuelita con tres de sus hijas porque a la única que quiso recoger, por ser igual de cursiva y de milgoza que él, fue a mi Tía Josefina. Qué esperanzas que mi abuelito comiera con las manos. No, él comía con cubiertos y la mesa se ponía como debía ser. Y según cuentan, mi abuelita a pesar de haberse criado en el hospicio, no era una persona refinada. Como eran todas esas personas de extracción muy humilde que las depositaban, porque así se le llamaba: "depositar a los hijos" en el hospicio.

Entonces resulta que también por ahí anduvo la cosa. Lo que sí te digo es que la única que se fue a vivir con él fue mi tía Josefina, a las otras tres hijas las abandonó junto con mi abuelita. Así las cosas, se viene el tiempo de la Revolución. No sé si tú sepas que la revolución se hizo sobre el ferrocarril. Ahí se transportaba la caballada, "los gatos", que eran como le decían a los soldados. Y Francisco Villa traía su furgón hasta con interiores de terciopelo. Llegaba a Guadalajara o a donde llegara y detrás de los carros que él necesitaba para su gente y caballada, venían carros enteros de lo que saqueaban de los silos, que son los depósitos de granos de las haciendas de los ricos. Los carros venían llenos de maíz, fríjol, trigo y de lo que encontraban. El día que llegaba Pancho Villa a Guadalajara era día de fiesta. Toda la gente pobre iba con sus canastas y costales y los soldados se encargaban de llenárselos. Las señoritingas y los muchachillos vagos también iban porque hasta música le ponían a Villa. Él quiso mucho al pueblo. Se ponía en una de sus ventanas, nunca daba el cuerpo entero, pero se asomaba de una de las ventanas de su vagón a ver pasar la gente por los andenes.

Mi tía Josefina, como vivía con su papá, siempre tuvo aspiraciones de altos vuelos. Resulta que iba con un grupo de muchachitas de su medio ambiente a pasear a los andenes, a coquetearles a los militares y ándale que la cosa prendió. Dentro de la gente de Pancho Villa venía un Teniente Coronel que se llamaba Ismael. No me acuerdo del apellido, mi mamá lo mentaba pero se me escapa el apellido. El caso es que conoció a mi tía Josefina y se la robó. Salió mi tía de su casa para no volver. Seguramente ese tren iba rumbo a Torreón porque la Revolución se cuajó en el Norte: Torreón, Zacatecas, etc. De los detalles no te doy razón, lo cierto es que se la llevó.

Mi tía era una morenita muy agraciada, sin llegar a ser una belleza. Dicen que el hombre era guapísimo. Un tipazo alto de muy bonitos ojos, bragado. Un hombre militar. No era como los que se improvisaba Pancho Villa y los nombraba sus generales. Era de muy buenas familias de Torreón.

El tren llegó a Guadalajara y seguía rumbo a Lagos en los Altos de Jalisco y de allí ya enfilaba al Norte. Y le dijo Ismael a mi tía:

– Mira Chepina – porque así le decía – no puedes viajar conmigo porque no puedo llevarte aquí entre toda esta gente. Pero mira, le dijo, aquí esta este dinero. Toma el siguiente tren a Lagos y búscame en el Cuartel General de Lagos de Moreno, ahí te voy a estar esperando.

Pero por circunstancias, que pues sabrá Dios, no la pudo esperar. Entonces llega mi tía Josefina de 14 años morenita, atractiva, al Cuartel General donde estaban los militares y pregunta por el Teniente Coronel

Ismael. Le dicen que no lo conocen y la llevan a ver al general que mandaba en aquella división. Este hombre ve a mi tía y le dice:

– Pos sí, fíjate que sí lo esperábamos. Pero no llegó, pero no hay pendiente – le dijo en voz tranquila y sinuosa– aquí junto a mi oficina hay una pieza donde te puedes quedar y esperarlo a que llegue.

Casi, casi la obligó a que se metiera y luego le cerró la puerta. A mi tía Josefina aquello no le pareció, porque prácticamente la tenía presa y no le gustó la actitud del hombre. Esa pieza tenía una ventana que daba a un potrero. Se esperó a que oscureciera y por la ventana se dejó caer al piso y fue a correr a campo traviesa por los potreros hasta llegar a la estación de tren de Lagos.

Con el dinero que le quedaba, compró un pasaje de segunda en el tren que iba a Torreón y allá se encontró con Ismael. Allí duró viviendo mucho tiempo y salió embarazada. Mi tía sí tuvo hijos. Tuvo un hijo. A consecuencia del embarazo, Ismael la mandó a vivir con sus hermanas para que la atendieran mientras él estaba fuera porque vivía en la boga y era poco lo que iba a Torreón. Sin embargo él la quería, estaba enamorado de ella. Las hermanas eran gente bien de un pueblo de aquellos entonces y no la podían ni ver a mi tía. No la querían. Tanto la hicieron sufrir y pasar malos ratos que mi tía perdió al niño a los ocho meses. Hasta no hace mucho, un niño de ocho meses no era viable, se moría porque no había incubadoras. En cambio un niño sietemesino, como mi hermano, que nació en un pueblo y se crió rodeado de botellas de agua caliente y ladrillos recién sacados de la lumbre para darle el calor que le faltaba del vientre, sí se lograba. Mi tía perdió al niño y quedó mal. Se ha de haber aliviado como un animal, sola la pobre con el poco caso que le hacían las cuñadas y no pudo volver a tener hijos. Cuando Ismael regresó a Torreón la sacó de ahí sabiendo lo que le había pasado. En eso a él lo asignan a Oaxaca y se la lleva a vivir con él.

Para eso mi tía ya había tenido contacto con su madre y sus hermanas. Así que cuando pasaron por Guadalajara se llevó a mi mamá chiquitilla a vivir con ella a Oaxaca. Mi mamá me platicaba lo bonito que es Oaxaca, lo guapísimo que era Ismael, de lo bien vestida que traía a mi tía con pura ropa francesa. Él era un hombre tan celoso, pero tan exageradamente celoso, que ni con él podía mi tía salir a la calle. No podía ni salir a comprar su mandado. La criada le hacía absolutamente todo. Pobre de ella donde mi tía tuviera la osadía de poner un pie fuera de la puerta de su casa. Llegó el día en que mi tía ya no aguantó esa vida de encarcelamiento. En cuanto tuvo oportunidad se le escapó.

Así las cosas, se viene con mi mamá aquí a Guadalajara y se refugia con mi abuelita Petrita y ya no vuelve con su padre. Empieza a trabajar. ¿En qué? En lo que fuera. Una muchacha sin preparación, no te voy a decir que inculta, porque mi tía se devoraba los libros aunque no llegó más que a tercer grado de primaria. Pero te hablaba de álgebra y de materias de secundaria. Era una mujer inteligente.

A ella siempre le gustó lo cultural. Se metía al museo de la ciudad, que se acababa de fundar, a ver pintar. Ahí pintaban Clemente Orozco, Rufino Tamayo, Siqueiros y todos aquellos que eran jovencillos. Todavía ni sonaban ni tronaban. Había un señor ya grande que se llamaba Ixca Farías. Fue nombrado por el gobierno como curador del museo para organizar el edificio que antes había sido Seminario. Ixca se encargó de recolectar todo lo que en la actualidad existe en el museo.

Cuando mi tía regresa de Oaxaca, de haber dejado a Ismael, traía muy buena ropa. Andaba ella muy bien presentada y como era de agradable presencia y conversación hizo amistad con todos aquellos señores que se juntaban ahí a pintar y a componer poemas. Se iba a sentar con ellos en las bancas que había mientras ellos pintaban y como buenos hombres de vida bohemia, disipada, tenían conversaciones de cultura. Ella les seguía el hilo a todo. Y fíjate tú que Ixca Farías se enamoró de mi tía:

– ¡Ay Chepa! Si yo tuviera veinte años menos y veinte mil pesos más – le decía suspirando.

Le daba a entender que entonces él la podría proteger. Pero fue un amor platónico. Nunca hubo una relación entre ellos. La vida de mi tía fue interesantísima y ella no tenía ningún empacho en contarlo. Vivió una vida azarosa pero con dignidad. Mi tía fue mujer de mundo, pero no una mujer de la calle.

La gente de Guadalajara de aquellos ayeres que tenían cuadros y cosas de familia de muchos años, los donó al museo y mi tía le ayudaba a Ixca a clasificar aquellas donaciones para ir formando poco a poco las salas del museo. Mi tía usaba unas botitas que se abrochaban con un gancho porque eran de botones. Se usaban a principio de siglo y venían de Francia. Le decía Ixca a mi tía:

– Dóname esas botitas para ponértelas en una vitrina.

Pero cómo le hacía mi tía si era lo único que tenía. No tenía mucho que darle. Tenía chanclitas para andar en la casa pero para salir lo único que ella tenía eran las botitas.

Dentro de las cosas que había en el museo, estaban unos hábitos de monja. Un día se le ocurrió a Ixca que se los pusiera mi tía y se subieron a la azotea del edificio del museo que tiene cúpula y le tomó unas fotos vestida de Sor Juana Inés de la Cruz. Hasta la fecha tengo esas fotos en un álbum que hice de la vida de mi tía cuando falleció.

Mi tía tenía de vecina a una señora viuda que era de un pueblo de aquí de Jalisco donde las mujeres tienen fama de ser bonitas porque se quedó mucho español por allá. El pueblo se llama Autlán de la Grana. Esta señora era de ahí y la necesidad y el hambre hicieron que se viniera a Guadalajara con hijas jovencitas como mis tías.

Las cuatro muchachas eran güeras, bonitas todas. La mamá era de pechos dizque muy sobraditos y el dueño de la vecindad donde vivían era un ciego que llegaba a cobrar la renta guiado por su chofer. Se llamaba Clotilde la mamá de aquellas cuatro muchachas. Yo creo que el ciego percibía que aquella mujer era bonita y además media coquetona por naturaleza en su manera de ser y cuando la saludaba y le decía que venía por la renta, le decía:

– Clotildita, Clotildita ¿Cómo está Clotildita? - y le agarraba la mano y con la otra mano la exploraba toda, pero toditita, así como manosean los ciegos -¿Cómo ha estado Clotildita?

Y ve tú a saber lo que seguía o lo que llegaría a suceder. El caso es que aquella mujer nunca pagaba renta.

La mayor de las hijas era Marina y muy amiga de mi tía Josefina. Trabajaban juntas en lo que podían y llegaron a ser empleadas de las Fábricas de Francia, un almacén de categoría. Iban muy bien arregladas al trabajo. Así las cosas, inventaron Marina y mi tía salirse de Guadalajara porque empezaban a oír que en México había mucho auge y efectivamente, en los primeros años después de la Revolución empezó un auge muy grande en la capital.

Se fueron las dos y encontraron trabajo en México. Muy buen trabajo. Allí fue donde mi tía conoció a mi padrino Andrés Audifred. A Marina le dio por el lado de la farándula y de andar en los teatros. A mi tía no le gustó eso pero sí le atrajo mucho la vida de esa gente. Al grado que vivió con mi padrino, porque en realidad tampoco con él nunca se casó.

Ya para estas alturas, que vivía con Andrés Audifred en México, fue cuando mi tía y Marina se llevaron a su familia a vivir allá. Marina se llevó a su mamá y a sus hermanas y mi tía se llevó a su mamá y a mi mamá porque ya las otras dos tías estaban casadas en Guadalajara.

Mi tía Josefina había estudiado lo que ahora le nombran Cultura de Belleza. Lo estudió para poderse peinar y arreglarse sus manos. En ese entonces se usaba el peinado a la marseille, que eran onditas que se hacían con unas tijeras, como tenazas, con manguito de madera. Mi tía se enseñó a peinar marseille y dar manicure. Cuando andaba con mi padrino en los teatros, entraba directamente a los camerinos porque él sacaba sus apuntes y reportajes para el periódico y mi tía aprovechaba entre actuación y actuación y arreglaba a los artistas famosos. Le tocó arreglarle las manos a Salvador Novo, a Chelito Gómez, a Agustín Lara, a las Hermanas Águila, a Toña la Negra, a toda esa gente que empezaba cuando inició la W de México. Y le pagaban. Ella se hacía valer de esa forma. Tuvo contacto y roce con toda esa gente. Mi padrino la había introducido a esa vida, porque él era un hombre de mucha vida nocturna y bohemia.

Al poco tiempo, mi padrinito se enreda con una señora, mesera de un lugar y deja a mi tía Josefina. Aunque no estaban casados, se veían como esposos. Vivían en la misma casa, ella le lavaba, lo atendía. Eran una pareja de hombre y mujer. Y como mi tía era Josefina de la Torre que donde pisaba dejaba agujero, nunca lo perdonó. Ni siquiera ya después cuando hasta de rodillas le pidió perdón. Muchos años después se llegaron a ver para comer o para cenar como amigos, pero nada más. Mi tía me confesaba que había sido el amor de su vida, pero ella era mujer de mucha palabra y decisión y jamás se dignó a perdonarlo. Por eso llegó a donde llegó.

Cuando recibió el desengaño de mi padrino, se le presentó la oportunidad de un viaje a La Habana con un grupo de artistas de los que ella frecuentaba. La compañía de Roberto Soto donde la vedette principal se llamaba Chelito Gómez. Esas personas vieron lo que le había hecho mi padrino y la invitaron a irse con ellos a Cuba con la compañía. Mi tía les decía que no sabía qué papel iba a tener. En su vida había sido actriz ni tenía facultades. Ellos le dijeron:

– No te preocupes. Entras de relleno entre las muy segundas coristas donde ni siquiera te vas a notar.

Pasaron la temporada en Cuba que entonces ni de chiste tenía el problema de la Revolución cuando derrocaron a Batista del cargo. Era un emporio de turismo. Ya estando allá con la compañía lista para regresar a México, le dijeron:

– Chepa, vámonos a España. Te puedo conseguir que te integres al grupo de artistas que vamos para que no te cueste el pasaje y tú una vez allá verás la manera de sostenerte. No ha de faltar.

Mi tía era una persona muy inteligente, con mucho don de gente, a pesar de su carácter. Ya estando en España buscó trabajo y lo encontró. A ella le gustaba coser, cosía su propia ropa. Encontró trabajo de modista, como les dicen allá. En eso la compañía se regresó a México y ella estaba ya tan encarrilada, tan enamorada de Madrid, que no se vino. Vivió un año completo en Madrid. No pudo conocer absolutamente nada, a lo que más llegó a ir fue al Escorial, por falta de dinero. Vivía en lo que aquí son las casas de huéspedes, allá les llaman hostales. Me platicaba muchísimo de las costumbres, de las comidas y una de las cosas que a ella le provocaba risa era que ahí en el hostal le preguntaban que si padecía alguna enfermedad de la piel, que por qué motivo se bañaba diario. Ella les decía que nosotros acostumbramos así.

Al año de estar allá entabló correspondencia con mi padrino Andrés Audifred y le mandó decir que quería regresar a México, pero que tenía pocos recursos. Entonces las travesías se hacían en barco y duraban más de un mes. Él le mandó dinero para su pasaje. Debe de haber viajado en segunda clase, pero mi tía tenía mucha creatividad para hacer amistades y no le faltaba quien le tendiera la mano en el momento dado para una invitación a comer. Yo me acuerdo como si ahorita fuera el día que regresó a México. Fue siempre de muchos sombreros. Traía ella lo que le nombraban la boina vasca, una boina de un fieltro muy bonito que a ella le gustaba mucho, con un traje sastre. Ella decía "la boina y el sombrero hay que sabérselos poner". Y vaya que ella los sabía lucir.

Volvió a encarrilarse en su vida en México pero venía mal económicamente y no quiso por ningún motivo regresar con mi padrino y mira que lo amaba, pero al fin su carácter nunca la dejo perdonarlo.

Ella había conocido a Salvador Novo dentro de la vida de la farándula, donde conoció toreros y gente de mucho renombre de aquél entonces como Pepe Ortiz y un torero español guapísimo que se llamaba Cagancho. Imagínate lo mucho que debe de haber tenido mi tía para que un Salvador Novo la hiciera su amiga.

Así que cuando regresó de España, recurrió a Salvador Novo, que tenía un cargo importante dentro de la Secretaría de Gobernación. Él, conociendo a mi tía, le dijo:

– Chepa, desde este momento estás contratada. Vente mañana para trabajar conmigo.

– Pero Salvador – le dijo mi tía – yo ni siquiera sé escribir a máquina.

– Para lo que vas a hacer no lo necesitas, pero ponte a estudiar.

Además le ofreció una casita chiquita que tenía cerca de la Alameda Central. Él toda la vida vivió al lado de su madre, pero esta casita la tenía para juntarse con sus amigos, con las personas de su modo de ser y de actuar. Mi tía me llevaba a pasar los fines de semana con ella a esa casita y en unos cajones tenía Salvador la ropa con que se transformaba en mujer en esas fiestas que daba ahí. Se vestía de Adelita. Tenía collares y aretones. Yo me ponía aquellas enaguas de Adelita para jugar. Mi tía no me lo impedía y claro que ella no me decía de qué se trataba todo aquello. Yo esto lo supe después, cuando ya tenía todo el criterio del mundo para entenderlo.

El trabajo de mi tía consistía en atender las cosas personales de Salvador. De mandar unas flores a la señora doña fulana de tal, de hacer una reservación en tal restaurante, porque el señor era de buen comer y como mi tía convivió con él en la vida de la farándula, con mi padrino, desde allí sabía que era travesti y tenía sus días de mujer. A él le gustaban los hombres muy rudos, como él decía: "A mí me gustan los peladotes".

Dentro de las ocupaciones de mi tía, Salvador le decía:

– Chepa, habla a este número y pregunta por fulano y dile que se comunique.

Y ya cuando mi tía tomaba la bocina decía:

– Dice el Señor Novo que lo espera aquí a tales horas.

Concertaba mi tía la cita y Salvador antes de meterse a donde se encerraba con el fulano le decía a mi tía:

– Toma, a la salida le das esto – y le daba un sobre.

Le dejaba el dinero a mi tía Josefina. Tenía sus detalles de delicadeza. Y ése era el trabajo de mi tía: atender cosas muy personales.

Un día conoció al Licenciado Guillermo Grunenberg, todavía no era licenciado porque no se había recibido, pero trabajaba con un notario muy connotado de Puebla. Estando ahí con Salvador en el despacho, conoció a mi tía. Le preguntó a Salvador quién era esa mujer. Quién sabe qué le diría, el caso es que para no hacerte largo el cuento, con quién salió a comer el Licenciado fue con mi tía y no con Salvador y allí empezó a conquistarla terminando por llevársela a vivir con él a Puebla.

Él era gente de abolengo de toda la vida de Puebla. De mamá poblana y padre alemán. Al papá lo habían mandado de la casa Wagner de Alemania a poner una sucursal de pianos en Puebla. Antes lo más común era que la gente que podía tenía piano. Lo cierto es que el licenciado tenía a mi tía muy a la discreta porque él tenía novia y estaba por casarse con ella. Una muchacha de sociedad igual que él. La familia del licenciado no sabía ni de la existencia de mi tía. Era una cosa totalmente discreta. No vivía con ella, iba un rato y punto, pero él la sostenía. Mi tía fue de muy altos vuelos. Ella decía: "a mí nunca me gustó un ferrocarrilero. A mí me gustaban los profesionistas, los hombres que tenían personalidad y posibilidades de hacer algo en la vida. Esos eran los hombres que a mí me gustaban".

Y mi tía empieza a presionarlo para que se titulara:

– Bibi – porque así le decía – tú crees que es justo que mientras tú recibes un sueldo trabajando en la notaría, cuando el dueño gana lo que quiere. No me parece justo, Bibi, si tú eres el que mueves todo. Este hombre se va los meses enteros y deja la notaria a tu nombre y nada más porque tú no tienes título. No Bibi – le decía mi tía.

Lo empezó a chantajear y a obligar casi a que se titulara. No lo había hecho por flojera. Se recibió ya estando al lado de mi tía. La consecuencia fue que el dueño de la notaría lo hizo adscrito y fue cuando empezó a destacar. Y así las cosas, empezó mi tío a mejorar y a mejorar al grado que empezó a descararse y la novia llegó a saber que tenía un amante y lo terminó.

En eso muere de un infartazo Maximino Ávila Camacho, gobernador de Puebla y hermano del ex presidente, y queda sin testamento. El intestado de Maximino Ávila Camacho fue a dar a la notaría de mi tío y ya te imaginas lo que aquel hombre tenía: haciendas, propiedades y grandes cosas. Y a raíz de las atenciones que tuvo mi tío en ese proceso, lo nombraron Cónsul Honorario de Alemania en

Puebla. Y mi tía llegó a ser nada más y nada menos que Frau Cónsul. Y de ahí para arriba.

Mi tía tuvo unas alhajas que no te las imaginas. Yo en mi vida jamás he vuelto a ver cosas tan bellas. Ella tuvo siempre cosas muy exquisitas, muy finas. Se volvió de sociedad completamente. Yo llegué a ver a mi tío Guillermo con los embajadores. Llegué a ver a los meseros servir la mesa con guantes blancos uniformados y las sirvientas de mi tía que servían la mesa de riguroso negro con mandiles blancos.

Ya para entonces se habían casado el Licenciado y mi tía. Primero se casaron por el civil y años después la mamá del Licenciado, en su lecho de muerte agonizando, les pidió que se casaran por la iglesia porque no quería irse con el cargo de conciencia que su hijo vivía una vida en amasiato. Y así fue que llegado el momento de la unción, mandaron por un sacerdote y mi tía se casó por la iglesia con el licenciado a los pies de la cama de su suegra.

Mi tía tenía un Mercedes Benz del año traído de Alemania y él un carro de los de aquí pero con chofer. Era cuando nosotros vivíamos en aquella vecindad deprimente y triste cerca de Tepito, pero a mi tía no le importó y llevó al licenciado a que nos conociera:

– Ésta es mi hermana y su familia. Quiero que me conozcas como soy y de donde vengo. Yo para ti no quiero, ni debo tener secretos y te voy a decir que esta niña es como si fuera mi hija.

El Licenciado me tenía unos celos horribles porque le decía:

– No Chepa – le dijo – a mí no me engañas, esa niña no es de Lydia, esa niña es tuya.

En esa época nombraron a mi papá juez del pueblo de Jalisco y le dijo mi tía a mi mamá:

– Oye, Lydia – le dijo – y ¿qué piensas hacer con esta niña?

– Pues no sé Josefina – le contestó mi mamá.

– ¿A qué la llevas a un pueblo? ¿A estancarla allí? ¿A una vida desperdiciada? ¿Por qué no me la dejas?

– Sí, Josefina. Sí te la dejo.

Y fue cuando por primera vez a mi tía Josefina se le concedió tenerme como absoluta propiedad de ella. Luego, luego inmediatamente al mejor colegio de Puebla a primero de secundaria. Muy bien vestida iba la sirvienta quien me dejaba a la escuela y de ahí me recogía y a la casa. Yo no tenía amigas. Mi tía era muy rígida.

Me acuerdo muy bien que estaba en pleno auge la artista Libertad Lamarque, la argentina que fue una gran actriz y cantante. Todavía a cada rato hay películas viejas de ella en la televisión. A ella la desterraron de Argentina por Eva Perón. A Perón le gustaban las mujeres de la farándula, ya ves la Eva. Y Perón puso sus ojos en Libertad Lamarque y la consecuencia fue que Eva Perón se encargó de expulsarla del país y por eso fue que duró en México tantos años. No fue hasta después de la muerte de Eva Perón que pudo regresar y tuvo una acogida increíble porque triunfó y tuvo un éxito rotundo. Y cuanta película salía de Libertad Lamarque estábamos en la primeritita fila mi tía y yo viendo la película. Me acuerdo que fuimos a ver la de *Madreselva* en la función de estreno.

El primer viaje de mi tía como Frau cónsul fue alrededor del mundo. Salió por Nueva York y regresó por San Francisco. Su viaje duró 7 meses. En Europa compraron coche para transportarse. Estaba en su esplendor como persona, como mujer, en la vida diplomática de su esposo. Estuvo en Hawai, Japón e India.

Mi tía ya después con muy buena posición que fue adquiriendo con los años en Puebla cada vez que iba a México, Salvador Novo no perdonaba que dejara de ir a verlo. Le llevaba panela que es el queso de leche cuajada puesto en canasto de carrizo donde se deja escurrir y el carrizo le da una cierta forma de rayitas a la panela. Es un queso exquisito de México.

Salvador Novo llegó a recibirla en su casona de Coyoacán donde vivió toda la vida con su madre hasta que murió. Después compró un lugar cerca de Coyoacán que le nombró La Capilla. Era un restaurante, porque era un amante de la cocina y al lado tenía un pequeño teatro, que le nombraban "Experimental". El restaurante tenía mesas en el jardín y cuando él estaba de buenas, porque como buen gay, por no decir joto, era temperamental. Le decía:

– Vente Chepa. Vamos a comer a La Capilla. Sirve que voy probando la panela.

Mi tía tenía todos los libros de él y se los dedicaba de una forma muy peculiar:

> *A Chepa*
> *Flor de arrayán*
> *Dedico esta crónica*
> *De Tepatitlán*

6.

Ni tan charra, ni tan fina

A la vuelta de un año de vivir en Puebla con mi tía Josefina, se llegaron las vacaciones de verano y fui a visitar a mi familia a Jalisco. Nada más te cuento que ya estando ahí pudo más el amor filial que el cariño hacia mi tía y comenzando el año escolar ya no regresé a Puebla. Llevaba una vida excepcionalmente buena al lado de mi tía, con muchas comodidades, pero muy sola. No tenía con quién jugar. No tenía amigas. Mi tía lo entendió y en ningún momento hubo reproches. Y me quedé con mis papás en el pueblo.

Ayutla, Jalisco, es un pueblo minero, agrícola, con cierto progreso y categoría. Queda rumbo a la costa, cerca de un santuario famosísimo en Jalisco, el Santuario de Nuestra Señora del Rosario de Talpa. Una virgencita a la que la fantasía del pueblo atribuye que son tres hermanas: la Virgen del Rosario de Talpa, la Virgen de Zapopan y la Virgen de San Juan de los Lagos. Era un pueblo de mucha pasada de peregrinos. Cada año en el mes de marzo pasa la gente por ahí atravesando la sierra para llegar de Guadalajara a Talpa. Allí estaba el pueblo de Ayutla en medio de dos ríos. Uno muy caudaloso que se llama río Armería, y otro más chico que estaba totalmente a orillas del pueblo. Enseguida te platico también otra de las experiencias preciosas y milagrosas que he tenido en mi vida acerca de ese río.

Así que llega una muchachita de la capital jovencita, bonita, muy bien arreglada y además hija del juez y ándale que los pollos de aquel entonces cayeron como moscas sobre la miel. Pero fíjate que a mí me pasó lo mismo que a mi tía, yo no ponía mis ojos en cualquiera. Yo me fijaba en personas que sentía que importaban y que no iba a ser yo una más de sus listas.

Así tuve dos novios. Un muchacho, Sergio, muy guapo, hijo del administrador de correos del pueblo. No duramos en nuestra relación porque mi mamá me hizo ver muchas cosas. Era un vago y tomaba. Mi mamá me decía "mira hija, ninguno de los que hay aquí me gusta para que tú tengas relación con ellos, pero Sergio menos que nadie". Total, en la primera oportunidad yo lo terminé.

En Ayutla viví experiencias muy agradables porque cambié totalmente mi vida. Cambié de rumbo y de costumbres. Empecé a vivir el ambiente netamente pueblerino de las muchachas buenas, inocentes. Cuando llegaban las fiestas del patrón del pueblo de San Miguel Arcángel, venía la feria, los gallos de pelea y ponían palenques que para mí era algo emocionantísimo. Además, había mariachi y un folklore que yo ignoraba que existiera. Es muy bonito el palenque de pueblo, porque entre pelea y pelea, salían las mujeres vestidas de chinas poblanas con sus sombreros y cantaban pura música folklórica. El ambiente de los gallos es precioso.

– ¡Cieeeeeeerrren las puertas!

Porque una vez que empieza la pelea ya no entra nadie a apostar ni nada. El encontronazo de los gallos es impresionante. Lo viví y me gustó. No para quedarme metida en ese ambiente, sino que era todo tan novedoso y bonito que me gustó. Viví muy a gusto esa temporada en Ayutla con mis papás.

Nos íbamos de paseo a un lugar que les decían las Piedrotas. Era un campo con unas piedras enormes. Y en una de esas excursiones en la tarde que íbamos a brincar la soga en las afueras del pueblo vamos viendo en una piedra, en un pequeño recoveco, una serpiente de cascabel enrollada. Nos quedamos frías, pero luego dijimos:

– ¡Vamos matándola!

Agarramos piedras y en una de tantas alguien le atinó a la cabeza y matamos la serpiente. Ya ni quién brincara la reata ni qué nada. Con la misma cuerda hicimos una lazada y se la insertamos a la cabeza. Le apretamos y llegamos al pueblo jalando la víbora de cascabel en el hombro. Tenía siete cascabeles en la cola. Cada cascabel indica lo viejo o lo joven de la víbora. Vieras qué emocionante fue entrar al pueblo jalando la viborona aquella y todo el mundo asustado.

– Y ¡¿cómo le hicieron?! – preguntaban asombrados.

– Pues a pedradas – contestábamos orgullosos.

En tiempo de lluvia se cubría literalmente el campo de unas florecitas blancas olorosas, que se llaman flores de San Juan. Nos íbamos a recoger ramos de flores de San Juan porque aparte de que olían muy bonito, las mamás las usaban para condimentar el arroz y sabía delicioso. Nos untaban en un pan arroz con leche con flores de San Juan. Todavía recuerdo el sabor.

El río chico, que circundaba al pueblo, era de agua de manantial de la sierra entonces era un agua muy limpia, cristalina. Cerquita ya de la última casa, en una bajada, había una piedra. Una peña que sobresalía del río. En aquella piedra nos juntábamos el montón de muchachas a bañarnos. Las mamás nos hacían unos trajes de baño tan originales. Eran de manga larga y el cuello y la bastilla tenían jareta. Era un verdadero cotón, pero como el río estaba a la vera del camino y pasaban los arrieros, nos mandaban forradas a bañar. No se te veía nada más que los pies, las manos y la cara.

Llevábamos jabón y toalla que dejábamos a la mera orilla del río y nos metíamos nadando. Ahí me enseñé a nadar. Nos subíamos por detrás a la piedra y nos arrojábamos al río. Luego nos salíamos nadando, le dábamos la vuelta al piedrón aquél y nos volvíamos a subir una y otra vez.

En los pueblos había entonces costumbres muy bonitas. El dieciséis de septiembre, bueno más bien el quince para amanecer el dieciséis, se acostumbraba que todas las muchachas del pueblo estrenaban. Las mamás nos hacían vestidos porque después de la ceremonia oficial del desfile, los muchachos y las muchachas le daban la vuelta al cuadro. El jardín de enfrente a la iglesia era un cuadro y en los pueblos no le decían plaza. Tenía bancas, árboles y prados.

Así que nosotras nos sentíamos soñadas porque esa noche íbamos a estrenar vestidos. Mi amiga andaba muy enchicualada con un muchacho que era el sastre del pueblo, se llamaba David y ese día David iba a tocar en la banda del pueblo, en los honores a la bandera y mi amiga me dijo:

– Oye Nelly ¿nos vamos temprano a bañar? para poder llegar con tiempo al desfile porque va a tocar David en la banda.

– Sí – le dije – cómo no.

Ya estábamos puestas. Había llovido toda la noche. Así que cuando llegamos al río la mañana siguiente estaba todo nublado. Se sentía fría la mañana. Pusimos algo debajo de la tierra mojada para que las prendas que llevábamos no se ensuciaran, luego la toalla y más a la orilla, el jabón y una jicarita para enjuagarnos la cabeza. Nos bañábamos a la orilla del río, en la consabida subida a la piedra. Ahí estábamos, en la piedra, cuando oímos un ruido impresionante, que en la vida lo había oído.

– ¡Tírate al agua! – me gritó mi amiga.

En eso volteo y vi la creciente del río que hasta al mismo cielo parecía llegar. Había llovido mucho en la sierra y cuando el caudal del río sube de repente se forma una cortina. No sé ni cómo me tiré. Ni recuerdo cómo alcancé a salir sana y salva del otro lado del río. Me acuerdo sólo que volteé e inmediatamente pasó aquella enormidad de agua que llevaba palos, árboles y hasta animales muertos en la corriente que venía arrastrando a su paso desde la sierra. Nuestra ropa y nuestras toallas se fueron entre la corriente y estábamos empapadas titiritando de frío. Todavía no salíamos de nuestro asombro, cuando vemos dos hombres a caballo. Eran David, el sastre, y otro muchacho. Ellos también venían de bañarse cuesta arriba.

Al percatarse de lo que había sucedido y al vernos le dieron el jalón al caballo y sacaron el gabán que traen siempre atrás en las ancas. Llegaron, nos apretaron contra la cobija, nos subieron al caballo y nos llevaron a nuestras casas. Rescate a domicilio. Fíjate qué bonito, ahora me suena como a novela pero lo viví.

La consecuencia fue que llegamos a nuestras casas a sacar agua del pozo y bañarnos a jicarazos porque íbamos enlodadas. Pero eso sí, a las once de la mañana que empezó David, a tocar en la banda ya estábamos nosotras muy monas en el cuadro viendo pasar el desfile.

En la tarde tocaban música en el quiosco del pueblo. Había cuetes y se usaba que la muchachada saliera al cuadro a dar vueltas. Las mujeres daban vueltas en un sentido y los hombres en sentido contrario. Y lo bonito era que ahí te surgían los galanes a la pasada.

– Señorita, ¿me acepta esta flor? – te preguntaba un muchacho.

Si a ti te cuadraba el galán, se la aceptabas y si no le decías:

−No, gracias. − Así, en tono medio despectivo.

En la vuelta y vuelta vi a un muchacho que se parecía al que me había rescatado en su caballo en la mañana pero yo entre el susto y la emoción, mal le puse atención. Cuando en eso pasamos hombro con hombro y me trata de regalar una gardenia.

− Mire señorita − me dijo − acépteme esta flor para que se la ponga aquí en su hombro.

− ¡Ay, no! − le dije − está muy grandota, siquiera fuera un Gran Duque − yo con la intención de darme aires de conocedora.

En eso mi amiga me da un codazo, me jala del brazo y me dice al oído:

− ¡Cállate la boca!

Seguimos caminando y no le tomé la flor.

− Qué metida de pata acabas de dar, ¡Aquí los Gran Duques son las cuachas de las vacas! − me dijo mi amiga.

Para mí el Gran Duque era una florecita que hasta la fecha existe blanca de muchos petalitos con un olor divino.

Pues no hubo más remedio que a la siguiente vuelta, le dije:

− Regáleme la gardenia, para borrar la mala impresión.

Él ya había puesto sus ojos en mí y de ahí surgió nuestra relación. Era un muchacho que fácil me doblaba la edad. Yo en el pueblo cumplí quince años. El padre de este muchacho era introductor de ganado. O sea, de esa gente que aparte del ganado que ellos tenían, compraban ganado, lo engordaban y lo traían a Guadalajara al rastro. Era un muchacho de las principales familias de allá, de buenas costumbres. Tenía dos hermanas ya señoritas grandes muy de la iglesia. Gente muy correcta del pueblo. No de mucho dinero, ni de mucho abolengo, pero gente decente del pueblo.

Me hice novia del él. Se llamaba Gumaro. Era un chaparrito de facciones finas. Ni blanco, ni moreno. Correcto y diario andaba a caballo. Yo me embobaba viéndolo vestido con su indumentaria campirana. Llevaba su chaquetilla de manta amarrada. Mi mamá aprobaba la relación sólo porque Gumaro le hizo mucho la lucha.

Él iba a verme a determinada hora a la casa. Jamás me vio en una esquina, ni me esperó en la Iglesia. Él iba a mi casa a verme y me dejaban salir quince minutos a la puerta a platicar.

Tengo muy presente un detalle tan chusco. Los días del novenario del santo había la misa del alba. Empezaban dando la primera llamada a las cinco para empezar la misa a las seis. Pero entre llamada y llamada de las campanas había cuetes y bandas de música en el atrio de la Iglesia que daba a la placita. Un día, toda la bola de muchachitas nos pusimos de acuerdo y sacamos el permiso de nuestros papás para irnos al alba y por supuesto ahí andaban los galanes esperándonos. Allá era muy común que los muchachos usaran sarape. Una cobija muy mexicana como sale en las películas de Jorge Negrete, pero ni tan charra ni tan fina. Nos sentábamos a esperar a que empezara la misa, que dieran la última campanada, a ver los cuetes y a oír la banda. Las campanas las daban al repique de la fiesta para entrar a misa de seis. En una de ésas estaba yo sentada y seguro hacía frío porque tenía el sarape de Gumaro por detrás de mi espalda, pero apenas y Gumaro me llegaba a tocar el hombro. Cuando de repente me jala el sarape con una mano. Me planta su sombrero con la otra y me ordena en un grito: "¡Sube las piernas!"

Me quedé congelada e hice todo lo que me dijo. Nos quedamos los dos muy quietos. Luego me dijo "era mi papá el que pasó" dijo "y si me ha visto que estaba aquí contigo me lleva de las greñas a la casa". Seguro ya le habían llegado con el chisme, porque en los pueblos todo se sabe, de que veía a la novia, a la hija del juez, porque así me conocían, a la hora del alba. Si el papá se las olió o no, nunca lo supe.

Un día cuando mi papá salió de la casa me dijo:

– Nelly, te espero en el juzgado a las once.

El juzgado estaba junto a la presidencia municipal. Llegué a las puras once en punto y me pasó a su privado.

– Mira – me dijo – te mandé hablar porque quiero platicar contigo sin que esté tu mamá presente. Tu mamá se opone terminantemente a tu noviazgo con este muchacho, Gumaro. A mí tampoco me gusta porque yo quisiera para ti sobre todo que te prepararas, y este muchacho ya está grande y hemos visto que le interesas demasiado – entonces dijo– yo tampoco lo apruebo pero no lo desapruebo. Estás en la edad de tener una ilusión, de tener un novio. Pero aquí se acostumbra que primero se lleven a la muchacha a la brava o a la buena con o sin su consentimiento y luego se casan. Yo no quisiera que eso pasara contigo.

Ya que platicamos y que me entendió, me preguntó:

– ¿Estás enamorada de él?

– No, papá. Para nada – le contesté.

– Pos que bueno – dijo- sobrelleva esa relación así como estás y te voy a pedir que todo lo que suceda entre él y tú me lo vengas a platicar a mí aquí sin tú mamá presente para poder yo aconsejarte y que sepas cuál es el camino indicado.

Ésa era la calidad de padre que yo tenía.

Pues sí, efectivamente no pasaron muchos días y Gumaro me llevó serenata con la canción aquella de:

Que bonita chaparrita
Valía más que se muriera,
Valía más que se muriera
Y no dejara mi amor pendiente.

Él sabía que yo tenía intenciones de regresar a Guadalajara y ese día me confrontó.

– ¿Deberás tienes intenciones de regresar a Guadalajara?

– Sí – le dije – una tía mía me ofrece vivir en su casa mientras estudio.

– Pos piénsatelo porque el hecho de que te vayas a Guadalajara no quiere decir que no regreses. Yo voy a Guadalajara y de donde estés te traigo – me dijo como si fuera una sentencia.

En aquel entonces la cuestión de salubridad estaba totalmente en pañales y la medicina muy incipiente. No había centros de salud. El boticario del pueblo era el médico y el dentista. Ya sabrás lo que receta cuando este muchacho se enferma. Una de las hermanas me fue a buscar.

– Nelly vengo a pedirte que vayas a ver a Gumaro, está muy mal – me suplicó la hermana

Un amigo de él ya me había dicho que Gumaro estaba muy enfermo con fiebre tifoidea. Entonces la fiebre tifoidea difícilmente se alcanzaba a librar. Me dio permiso mi mamá porque la hermana de Gumaro le dijo que ella se hacía responsable de llevarme y traerme si me permitiría ir. Pasé a su piececita, modesta, sin ningún lujo, pero limpia. Sólo su cama, su buró y su ropero.

Ya estaba muy grave. Cuando se llegó el momento de despedirnos me dijo:

– Yo no puedo hacer nada por la situación en la que me encuentro. Pero una cosa sí te digo, que si me salvo de ésta me voy a casar contigo.

Bajé la mirada y me quedé callada. No supe qué contestarle. Esos instantes que estuvimos en silencio me parecieron una eternidad. En eso subí los ojos para verle la cara.

– ¿Me das un beso? – me preguntó Gumaro con la mirada fija en mis ojos.

Nunca nos habíamos dado un beso.

– Sí – le dije.

Ésa fue la última vez que nos vimos.

7.

Sopa de arroz con mole

U n 16 de abril de 1941 cumplió quince años una hija de mi tía Clarita, hermana de mi mamá, y fui a Guadalajara a festejarlos. Fue una fiesta totalmente familiar. Entonces no se usaba el fiestonón, ni los vestidos largos de ahora.

Mis tíos vivían en una casa grande y preciosa con ventanas enrejadas y un portón enorme en la calle de General Río Seco en la Plazuela de las Nueve Esquinas. Mi tía Clarita era un alma muy bondadosa, muy linda. Difería en carácter de mi mamá y mi tía Chepa. Las dos hermanas de en medio eran pan con miel.

– Oye, hija, me dijo un día mi tía Clarita. Yo te quisiera preguntar una cosa, ¿estás a gusto en el pueblo?

– Sí, tía – le contesté yo.

– Sí, por supuesto estás a gusto porque estás con tus padres, pero ¿qué estás haciendo?

– Nada - le dije- absolutamente nada. Ayudarle a mi mamá en la casa.

– Y ¿no se te hace un desperdicio? Eres una muchachita inteligente, formal con muchas cualidades como para que te quedes allí en un pueblo ¿no te gustaría venirte a Guadalajara a estudiar?

- ¡Sí, tía! – exclamé sin titubear ni un solo segundo.

A mí siempre me había tirado la medicina, cualquiera de sus ramas. Desde chiquita tuve una muñeca vestida de enfermera y era mi adoración. Así que mi tía le escribió a mi mamá exponiéndole todo lo que habíamos platicado y mi mamá muy sensatamente y ante la amenaza que acababa de pasar con Gumaro otorgó su permiso, junto con mi papá, para que yo me quedara con mis tíos a estudiar.

Empecé por ir a la Universidad de Guadalajara, todavía existe el edificio aquel francés precioso a un lado del Hospital Civil, donde termina la Avenida Juárez y empieza Vallarta. Fui a informarme qué carreras había en la Facultad de Medicina y cuáles eran los requisitos. Y me encontré con la grandiosísima noticia de que había una carrera de enfermería de dos años. Con dos años de estudio te graduabas de enfermera. Y con uno más de práctica, te graduabas en obstetricia. O sea, única y exclusivamente cosas relacionadas con la mujer.

Así las cosas yo nada atarantada busqué a la persona de más arriba de la Facultad y le dije:

— Yo traigo un primer año de secundaria ¿no sería posible que me admitieran como oyente?

Para esto yo ya sabía que había una secundaria nocturna a un costado del Teatro Degollado, que ahora es Palacio de Justicia, de 7 a 10 de la noche. Era la secundaria abierta para obreros. Seguro le caí en gracia a este señor porque me dijo:

— ¿Sabes que podemos hacer algo todavía mejor? Va a entrar como alumna irregular y el día en que usted nos enseñe su certificado de secundaria, la regularizamos, pero mientras tanto va a tener todos los derechos de una alumna regular.

La consecuencia fue que yo entré a la Facultad de Medicina con el pie derecho. Estaba muy consciente de que estaba lejos de mi mamá y de mi familia para estudiar y no para andar de loquilla. Mis primas eran de una familia que tenía una situación económica más acomodada, así que no le daban importancia al estudio. En cambio yo me pasaba las tardes estudiando.

Tenía clases en la Facultad de 7 a 10:30 de la mañana y tenía la tarde libre para estudiar. Éramos 6 mujeres en primer año de enfermería. Los maestros eran doctores jubilados ginecobstetras en su mayoría.

— A ver señorita - porque en aquel entonces la trataban a una de usted - la lección de ayer.

— Ay, doctor, pues que no estudié, decía una.

— Pues no pude, decía la otra.

O se la daban toda por ningún lado. Ya después de que les preguntaba a todas y ninguna le sabía contestar, se encogía de hombros el doctor y decía:

— Bueno, la misma de diario. Señorita Eguiarte, déme la clase.

— Doctor pues así, así y así. Y el libro dice que así y así y yo digo pues que así.

Se pasó el tiempo y llegaron los exámenes finales del primer año. Se calificaba con la escala del 1 al 4. 1 era de panzazo, 2 era regular, 3 era bastante bueno y 4 lo máximo. Pero ellos decían que el 4 no lo merecía nadie más que el maestro. El día del examen final nos fueron llamando por orden alfabético a las del primer año y cuando llegaron a la "E" de Eguiarte me brincaron. Al último le dije:

— Doctor, falto yo.

— No, señorita Eguiarte, si usted ya entregó su calificación. Usted se ganó su calificación durante el año.

Y yo había estudiado como loca para el examen.

Llegaron las vacaciones y fui al pueblo a ver a mis papás. Ya no estaban en Ayutla. A mi papá lo habían trasladado como juez de un pueblo naranjero de la región de Atotonilco, que se llamaba Ayo el Chico y ahora es Ayotlán. Allá nacieron dos de mis hermanos: Tioco y Lupita. Me quise morir de celos el día que supe que había nacido una niña. Hasta ese momento habíamos sido yo y 9 hombres y cuando llegó la niña me sentí destronada.

Vivían sobre la calle principal de la entrada al pueblo, la dirección era Degollado, número 5. Quedaba casi en la esquina de lo que era la Plaza, la Parroquia y la Presidencia Municipal donde estaba el despacho de mi papá, del señor juez. La casa era muy añosa, una casa vieja de pueblo. Al entrar de la calle había un pasillo y luego una pieza que supuestamente debe de haber sido la sala de la casa pero mi mamá hizo ahí su recámara porque ni muebles tenían, ni siquiera a camas llegaban. Las camas eran unos bancos de madera con carrizo y arriba los colchones. A lo mucho tenía mi mamá una repisa con cositas y un espejo para arreglarse. Hasta allí llegaba la recámara de mis papás: la cama de ellos y otra más pequeña para el chiquito en turno que era una cuna de costal que mi mamá hacía estilo pueblo para mecer al chiquito con el pie en las noches si lloraba para no levantarse. Luego a mano derecha seguía un corredor muy grande delineado con arcos de mampostería y después otra pieza donde dormían todos mis hermanos.

En medio de la casa había un patio con un naranjo y un limón. Casa de pueblo. La cocina y el comedor estaban del otro lado del patio. Pero el comedor de la casa no se ocupaba. Lo tenían de bodega para guardar la leña, el carbón y los costales de frijoles o maíz. Porque a mi papá, como era un hombre tan justo y bueno, le llovían los regalos. "Señor juez, mire que le traje un maicito" "Que mire don Ramón le traje estas panelas". Y aquella pieza del comedor se había convertido en una bodega. Al final del corredor había otra puerta por donde tenías que pasar para llegar a la cocina. La puerta estaba esquinada y en el ángulo donde dabas vuelta para entrar a la cocina había un horno. En las noches cuando empezaba a caer la tarde salían cientos de murciélagos de esa parte de la casa. ¡Murciélagos! Salían del corredor al patio y luego algunos hasta la misma calle iban a dar para reposar en los árboles de la plaza. Era horrible aquello. Mi mamá agarraba a sus niños, el chiquito de brazos y el que traía de la mano y nos íbamos a esperar a mi papá a que saliera del juzgado a una de las bancas de la Plaza. Mi mamá les compraba una nieve raspadita o cualquier golosina baratísimas porque no había para más y cuando mi papá salía de su despacho se armaban todos de valor para entrar a la casa. A mi me enredaban en una cobija. Mi mamá todavía se dejaba los ojos de fuera para ver. Yo ni eso, me enredaban toda en una cobija, mientras mi papá me abrasaba de los hombros y me decía "ahí vamos hija". Mi papá no se ponía nada. Él los espantaba mientras yo me moría de pavor al sentir los aletazos de los animalitos por todo el cuerpo.

Llegábamos por fin a la cocina y nos sentábamos a cenar, la cocina era grande y había una mesa donde comer. De regreso a los cuartos tenías que armarte de valor porque era la misma cosa con los murciélagos, pero a determinada hora se prendían del techo y allí pasaban la noche. Y en el día ya no volvían a molestar.

Un día salió mi papá del despacho y se le hizo raro no ver a mi mamá con los niños en la Plaza y supuso que no había salido. Llegó sólo a la casa y cuando abrió la puerta le empezó a silbar a mi mamá. La tonadita del silbido era: "Atole porque no hay café", así se silbaban desde novios y se siguió la costumbre. Mis hermanos hasta la fecha así se silban. Fíjate como todo tiene un porqué. Así que entró mi papá a la casa, empezó a silbarle a mi mamá y en eso ve un bulto que iba caminando. Supone que es ella y la empieza a seguir.

– ¡Vieja! – le grita mi papá.

– ¡Vieja! te estoy hablando – le volvió a gritar mi papá.

En eso empieza a caminar más de prisa para alcanzarla y se da cuenta que el bulto aquel no va caminado sino que flota por todo el corredor.

En el momento que dobla por aquél recoveco esquinado para entrar a la cocina se desvaneció el bulto en el horno.

En eso se regresa mi papá destapado a la Plaza y ve a mi mamá con toda la chorcha de chiquillos.

– ¡Vieja! ¿Dónde andabas? – le pregunta mi papá todavía temblando del susto que acabada de pasar.

– Me metí al rosario ¿Por qué? – le pregunta ella preocupada al oír el tono de voz de mi papá.

– No, nada – no le quiso decir nada para no asustarla.

En otra ocasión le tocó a mi mamá ver aquél bulto. Dice que se deslizaba aquello con una forma tan humana que se le erizaba la piel a uno. Y la misma historia que en la esquina del horno se le desapareció. Luego se le apareció a mis hermanos. Ellos dormían con la puerta abierta para que entrara el aire y no dormir encerrados porque no había ventana. Decían que veían un bulto que les llamaba desde el corredor con la mano, como diciéndoles "ven, ven". Ellos nomás se echaban la cobija a la cabeza y se atortujaban unos con otros.

Decidieron que lo mejor era cambiarse de casa y ponerle calle de por medio a las apariciones. Encontraron una casita a espaldas de la parroquia en la calle Soledad. No era un caserón como la otra pero no había ni murciélagos ni aparecidos.

Pero mi mamá los días antes de salirse de la casa sentía fuertes sospechas que el bulto aquél que se les aparecía les estaba tratando de decir algo. Les llamaba la atención que siempre los trataba de llevar a la cocina y justo al dar vuelta se les desaparecía en el horno, mi mamá no quería quedarse con la duda y le explicó a mi papá las sospechas que sentía.

– Viejo, vamos tumbando el horno. No vaya ser que ese bulto sea un alma en vela que nos quiera enseñar algo escondido detrás de ese horno.

– ¡Nombre! ¿Qué tienes? – Le contestó mi papá indignado – Y ¿con qué dinero volvemos a levantarlo?

– Pos si encontramos algo ahí en el horno, pues usamos ese dinero para levantarlo, yo he escuchado que cuando las almas se quedan con un pendiente terrenal luego se aparecen para...

– ¡No! – La interrumpió en seco – yo no voy a ensuciar mi prestigio por un horno.

Mi mamá no tuvo más remedio que aceptar la decisión de su esposo y apagar la voz de sus sospechas.

Pasaron algunas semanas después de que se salieron de la casona y un buen día van apareciendo en el pueblo unos cirqueros fatigados que viajaban en caravana con sus trocas destartaladas, sus carpas parchadas y animales raquíticos y se toparon con mi papá:

– Señor Juez, muy buenos días.

– Buenos días señores – les contestó mi papá - ¿qué se les ofrece?

– Estamos buscando una casa. De aquí nos vamos a estar trasladando a todos los pueblos que hay alrededor y necesitamos un lugar para instalarnos.

Mi papá vio aquél grupo de cirqueros con todo su menaje y pensó detenidamente un momento y les dijo:

– Yo acabo de desocupar una aquí a la vuelta.

A los cirqueros les acomodó la casona aquella. Se instalaron y de un de repente la gente del pueblo empezó a notar que los cirqueros cambiaron las trocas viejas por camiones de primera categoría, compraron una carpa tricolor que sobresalía como un oasis en el desierto y se alcanzaba a ver de un pueblo a otro, además se hicieron de unos animales exotiquísimos que mandaron traer de África.

Los cirqueros siempre contestaban lo mismo cuando la gente, asombrada por la transformación y curiosa de conocer la receta de su buena suerte, se acercaban a preguntarles como podían pagar aquellos lujos:

–– Nos está yendo muy bien – contestaban los cirqueros – Cuando salimos fuera, el circo se llena.

Pasaron seis meses y los cirqueros deciden dejar el pueblo y seguir su camino, ahora rumbo a las grandes ciudades. Así fue que la casona quedó otra vez abandonada.

Mi mamá por no quedarse con la duda entró un día a la casa para ver cómo la habían dejado los cirqueros. A pesar de todo lo que vivieron ahí, mi mamá le guardaba cariño a ese caserón. De manera instintiva antes de entrar se envolvió muy bien la cabeza en el rebozo, pero cual va siendo su sorpresa que al entrar y alzar la vista al techo del pasillo no había ni un solo murciélago colgado de las vigas. Se bajó el rebozo a los hombros y examinó detenidamente cada recoveco de ese cielo, pero efectivamente los animalejos habían desaparecido.

Siguió caminando y entró a la cocina. Lo que vio en ese instante a cualquier otra persona le hubiera percudido la envidia y la ira del "te lo dije", pero mi mamá sólo sonrió. El horno estaba totalmente tumbado, quedaba solo un enorme y profundo agujero. Una cueva subterránea que sin duda los murciélagos había vuelto a reclamar como morada. Los ladrillos entrecortados del horno quedaron desparramados en el piso oscuro de la cocina como piezas de un rompecabezas sin armar. Mi mamá se imaginó a los cirqueros dotados de valor, y quizá un poco de aguardiente, siguiendo el bulto a la cocina. Sin honor que los frenara se dispusieron a destripar el horno, y encontraron el tesoro. Mi mamá se volvió a tapar la cabeza con su rebozo, bajó la mirada y salió de la casa deslizando sus dedos por las paredes cuberitas de cal.

Así las cosas, se acabaron las vacaciones, regresé a Guadalajara y pasé a mi segundo año de enfermería al mismo tiempo que terminé mi secundaria en la escuela nocturna para obreros y con toda la suerte del mundo empecé a trabajar en un laboratorio haciendo tomas de sangre, garganta y todo lo que respecta a la toma del producto que mandaban los médicos a analizar.

Además ya en el segundo año de enfermería las prácticas eran dentro del Hospital Civil. Curábamos heridas quirúrgicas y enfermos de accidente, hacíamos vendajes e inyectábamos leprosos y sifilíticos.

El Hospital Civil era de monjas y yo tan jovencita, todavía de calcetas, con mi uniforme blanco de cofia. Así que en aquel mundo de gente, los enfermos me decían la madre chiquita.

– A nosotros que nos inyecte la madre chiquita porque tiene muy buena mano – decían los pacientes.

A mí me gustaba mucho la cirugía, no para operar, sino me gustaba como instrumentista. Te decían qué operaciones había al día siguiente y según la operación tenías que saber lo que iban a ocupar, qué clase de pinzas, bisturí, suturas, agujas, qué clase de todo. Hacías lo que se nombraba y hasta la fecha se nombra los campos, en unos lienzos verdes y colocabas el instrumental que iban a utilizar en la cirugía.

Asistí en varias operaciones. El doctor sólo sacaba la mano y le ponías el instrumento que tocaba y una vez que acababa con ese instrumento se lo pasaba a otra enfermera. Yo no volvía a tocar los instrumentos que se habían utilizado en esa operación. A mí el trabajo en el quirófano me fascinaba. Porque estabas siguiendo la operación paso a paso y tenías que saber qué seguía para tenerle listo al doctor el siguiente instrumento.

La primera vez que entramos al quirófano como estudiantes de enfermería una compañera se puso pálida, pálida y azotó. Nos tocó ver cuando cortaban una pierna, y agarraron la pierna con la mayor tranquilidad y la botaron en una cubeta que tenían por un lado. Mi amiga se desplomó y hasta allí fue enfermera. No volvió, no aguantó ver la sangre. En cambio yo me sentía en mi elemento. Entraba a las salas de los hospitales y me sentía en mi ambiente.

Inmediatamente después de que terminé el segundo año hice mi examen profesional, que tampoco tuve que presentar. "Señorita, aquí está su calificación". Me dieron 3 de calificación, no obtuve el título porque no tenía dinero para sacarlo pero sí quedó la constancia en el archivo de que yo presenté mi examen profesional. Al año siguiente ingresé al primer año de Obstetricia. El Secretario de la Facultad me mandó hablar a su oficina un día a inicios de semestres.

– Señorita Eguiarte, ¿estaría usted en condiciones de hacer un viaje a México?

– ¿Yo doctor? ¿De qué se trata? – le pregunté sorprendida.

– De representar a la Facultad de Enfermería y Obstetricia ante un Congreso Nacional de Ginecología y Obstetricia en el Palacio de las Bellas Artes – me dijo estirando los hombros hacia atrás y alzando la mirada por encima de sus lentes con gran orgullo.

– Me suena muy halagador y tentador, pero no dispongo de medios económicos para hacer un viaje – le expliqué.

– No – dice reacomodando el peso de su cuerpo en la silla– no, señorita Eguiarte. La Facultad le va a costear los gastos.

Se me iluminó la cara. No tomé en cuenta a mis papás ya que los hacía allá en el pueblo y dije que sí, porque además sabía que me lo iban a conceder. Me fui con mi uniforme blanco, de falda, blusa, capa y cofia. Todavía conservo la fotografía y ahí entre los cientos de enfermeras me distingo. Fue una experiencia bellísima para mí.

Además aproveché para ver a mi papá Ángel en ese viaje a México. Claro, todavía muy a la discreta.

En la última Navidad que pasé al lado de mi tía Clarita en Guadalajara, mis primas se habían ido a México, con familiares a disfrutar de la temporada de ópera para que supieran lo que eran las altas esferas de Bellas Artes. Yo no me fui al pueblo con mis papás sino que decidí quedarme en Guadalajara y continuar con mis prácticas en el Hospital durante las vacaciones. Mi tío, esposo de mi tía Clarita, tenía una carnicería a cuadra y media de la casa. Los mocillos de la carnicería eran mi primo y su mejor amigo, un muchacho que le decían el Carlija. Aparte de ir a la escuela, mi primo y su amigo llevaban los pedidos de la carnicería en bicicleta y cosas de ese tipo que se le ofrecían a mi tío. Un día en la nochecita llegó el Carlija a la casa después de repartir los pedidos navideños a los hoteles y me dice:

– Nelly dice tu tía que te arregles porque las invita Carmela, mi hermana, a una acostada del niño Dios en la casa.

Así se le nombraba a la ceremonia que se hacía para acostar al niño Dios los días 20 tantos de Diciembre hasta el día de la candelaria en Febrero donde se levantaba con tamales y con buñuelos. Ya empezaban para entonces a aparecer en las casas familiares los tocadiscos automáticos, ya no le tenías que dar vuelta a la manivela, seguían siendo discos de pasta muy gruesos pero ya no era el aparatón de la bocina por un lado del perrito Víctor.

Me puse un vestido azul muy bonito, con calcetas, qué esperanzas que usara medias todavía, y unos zapatitos negros que tenía. Llegamos a la fiesta mi tío, mi tía Clarita, mi primo, el Carlija y yo. La acostada fue en la casa de las hermanas Sánchez de la calle Manzano, muy amigas de Carmela, la hermana del Carlija. El señor de la casa era ferrocarrilero y vivían cerca de los rumbos de Mexicaltzingo. Me presentaron a todos en la fiesta menos a un muchacho alto. Me presentaron a Jesús y a las muchachas de la casa que eran cuatro hermanas. Me presentaron a todos menos a José, porque una de las muchachas de la casa, la más fea, gorda, trompuda y prieta de todas, estaba loca y perdidamente enamorada de él. No era nada de él, no había ninguna relación, pero ella sí estaba prendida, pero prendida, de su brazo. No lo soltó en ningún momento. Lo sentía posesión de ella.

Esa noche bailé con todos menos con José. Quedó ignorado totalmente para mí. Yo vi a la fulanita tan prendida que simple y sencillamente respeté. El que me llenó el ojo fue Jesús, el otro hermano del Carlija. Era muy guapo, de ojo claro, tenía carrera en el banco y salía diario a trabajar de traje. Al día siguiente, en cuanto llegó el Carlija a la casa me dice:

– Te manda saludar mi hermano.

–¿Quién? – le pregunté yo sin alzar la vista del libro que estaba leyendo.

– Pos José – me contestó.

– ¿El altote o el chaparrito? – le pregunté, porque siempre he sido mala para los nombres y José y Jesús los confundía.

– No, el alto.

– Ay, no. A mí salúdame al chaparrito – le respondí enfadada.

Así pasaron unos cuantos días de que diario me mandaba saludar y yo le decía siempre lo mismo "No, a mí salúdame al chaparrito." En ese entonces se escuchaba mucho aquella canción norteamericana que decía:

> Oh Johnny, Oh Johnny
> Dame tu amor.
> Oh Johnny, Oh Johnny
> Di que sí por favor.

Entonces ahí tienes que llega el Carlija en otra ocasión me dice:

– Te manda saludar mi hermano.

– Ya te dije que si no es el chaparrito no me saludes – le contesté a punto de perder la calma.

– Pero es que mira – me dijo al sentarse lentamente cerca de mí y quitarse su gorra como quien entra quietamente al confesionario – mientras se está rasurando en la mañana está cantando:

> Oh Nelly, Oh Nelly
> Dame tu amor
> Oh Nelly, Oh Nelly
> Di que sí por favor.

Mis primas y yo no salíamos porque mi tío era muy, pero demasiado, estricto, y como de la carnicería se veía la casa, pos olvídate, preferíamos no salir a correr el riesgo de que nos viera mi tío. Mi prima, la más guapa, noviaba a escondidas a medianoche. Así que resulta que un buen día en la noche acabando de merendar estábamos mis primas y yo en la sala. Unas bordando y otras leyendo, cuando en eso una de mis primas dijo:

– ¿Quién es ése que anda pasando por la acera de enfrente? – Antes los hombres usaban sombreros y no se le alcanzaba a ver la cara.

– ¿Quien será? – preguntó una prima.

– A ver, ¿quién es? – preguntó la otra asomándose.

– A ver – dijo mi tía Clarita estirando el cuello para poder ver a través de la ventana.

Hasta que alguien dijo:

– Es el hermano del Carlija.

– ¡Ándale! – Me dijeron mis primas – ya ligaste.

– ¿Sí? – Les dije yo – ¿el chaparrito?

– No, José, el alto – dijo una de mis primas

– Ay – les dije – ése a mí no me gusta – y me volví a encoger en mi silla.

Lo traje a vuelta y vuelta y vuelta haciendo honda la calle durante nueve noches consecutivas. En aquel entonces era muy mal visto que en cuanto un hombre te hablaba te aparecieras luego luego. Mientras más lo hacías esperar más te dabas a valer. Como dicen ahora ustedes te dabas tu paquete.

Así las cosas, la novena noche me digné a salir porque ya mis primas me decían:

- Nombre, no la mueles. Desengáñalo.

Y mi tía Clarita que siempre fue muy alcahueta con nosotras, pero en el buen sentido de la palabra, le gustaba que le platicáramos y ella nos aconsejaba. Y al noveno día me dijo:

– Óyeme no, mira si el muchacho no te cae bien, pos dile que no se ande parando por aquí, pero qué es eso que lo traes haciendo honda la banqueta todas las noches.

Total, esa noche me digné a salir a la ventana, con reja de por medio, a platicar. Sentadita en el balcón y él por fuera. Y ya llegó y me dice:

– Señorita, buenas noches.

– Buenas noches, señor – fíjate la formalidad.

Empezó a hablar todo turbado. Siempre ha sido malo para hablar.

– Ante todo quiero pedirle mis disculpas por haber insistido tanto en verla, dice, pero es que yo tengo interés en platicar con usted. Yo desde el día en que la conocí a usted, me gustó mucho y no he dejado de pensar en usted.

– Espere – le dije – pero si usted tiene novia–. Yo ya sabía por el Carlija que no era su novia, que era un parche nomás que traía el otro como tela de cidra que no se le despegaba.

– No – contestó de inmediato.

–Pero si usted tiene novia, cómo es que viene usted a pedirme relaciones - insistí.

–No – dice – no es mi novia. Es amiga de mi hermana y ella es la que insiste mucho, pero a mí no me gusta. Yo no siento ningún atractivo hacia ella.

En eso me acuerdo como si fuera ayer que le dije:

– Bueno, usted ya me dijo lo que me tenía que decir, qué le parece si le doy de plazo ocho días para vernos a ver si sí o si no.

Ése era el plazo, ocho días para tratarnos, a ver si me simpatizaba o no. De lo más chusco que te puedas imaginar, pero a partir de ese día venía a verme todas las noches y me sentaba yo en la ventana y él parado en la calle afuera.

Me acuerdo que todas las noches ya que entraba a la casa después de haber platicado con él, mis primas y mi tía me esperaban en la sala ansiosa y al unísono me preguntaban todas como si se les fuera a acabar la respiración en ese instante:

– ¡¿Ya se te declaró?!

– Ay, no – les decía yo. Y ya para entonces me gustaba el condenado y no me decía que si quería ser su novia.

A los ocho días se sentó mi tía Clarita conmigo y me dijo:

– Sabes que es la última noche que sales. Si hoy ya no se te declara ya no vuelves a salir. ¿Está jugando contigo o qué? – y así sin más dejó la pregunta en el aire y se retiró tranquilamente.

Así que ya salí a la ventana y no hallaba cómo decirle, pero en cuanto vi la oportunidad le dije.

– Pues fíjese que yo creo que es el último día que salgo a verlo, a platicar con usted.

– ¿Porqué? – me preguntó asombrado.

– Porque mi tía ya me dijo que esta relación así no puede ser, que pues no somos novios que…

– ¿Cómo que no somos novios? – respondió ofendido.

– No – le dije. Yo no me acuerdo en ningún momento que usted me haya dicho que si quería ser su novia.

– Entonces dice: pero cómo no, desde el primer día que vine yo le dije. – Señorita, yo quiero decirle que si usted quiere ser mi novia y usted me contestó "sí, cómo no, ya lo creo que sí".

Pero como siempre que salía a verlo estaba sufriendo por el pendiente de que nos viera mi tío porque de la carnicería se veía perfectamente bien el balcón de la casa y donde mi tío se diera cuenta, se montaba en la bicicleta y nos ponía una frieguiza a todos. Ni cuenta me di a la hora que se me declaró.

Así que ocho días esperando que se me declarara y desde el primer día le había dicho "sí, cómo no, ya lo creo que sí". Total que entré radiante a la casa.

– ¡Tía, ya soy su novia! – le anuncié con una sonrisa de oreja a oreja.

– Ah, pues ¿cómo estuvo? – me contestó ella.

Ya le dije como entre mis nervios y con el pendiente de que no nos viera mi tío yo sin pensar ni escuchar lo que me había dicho simplemente contesté que sí.

– ¡Cómo eres tonta! – Me dijo – y nos reímos las dos a carcajadas un largo rato.

Y así fue como me hizo caer, sin ni siquiera percatarme de que se me había declarado.

Pasó el tiempo y mi tío se dio cuenta que andaba yo de novia con el hermano del Carlija y él no quiso ya tener mi responsabilidad. Mi tía siempre me defendió mucho diciendo que era una niña muy formal y estudiosa pero excuso decirte que caí de la gracia de mi tío. De por sí mi tío era un hombre al que no le teníamos miedo, le teníamos pavor. Fue entonces que mi tía Clarita me dijo:

– Pues hija – me dice – desgraciadamente no puedo ya tenerte aquí en la casa porque tu tío me mortifica mucho.

Mi mamá tenía otra hermana, mi tía Mercedes, que era igual de bondadosa que mi tía Clarita, pero a otro nivel económico y social. Ella me abrió las puertas de su casa y me fui a vivir con ellos.

Ya para entonces la vida en casa de mis papás había girado. Mis hermanos estaban creciendo y en el pueblo no había más que primaria. Y en mi familia no había nada, es decir, no eran dueños de terrenos, ni de familias con dinero donde ellos pudieran estar y manejar los bienes de la agricultura familiar. Mi mamá empezó a fijarse que eso le iba a ser muy inconveniente para la formación de los hijos. Ella ya le había propuesto a mi papá que se fueran a vivir a Guadalajara pero él no aceptaba. Estaba muy a gusto. Tenía un puesto con mucha representación. Era el señor juez don Ramón Eguiarte. Regalos al por mayor: cántaros de mantequilla y de crema, panelas que en la vida las he vuelto a probar, fruta, huevos y hasta gallinas que le llevaban todas las gentes de los ranchos. Iban a pedirle ayuda legal u orientación en algún pleito o lo que tú quieras y gustes. Lo que jamás aceptó mi papá, jamás, fue dinero. Era un hombre muy íntegro, los regalos que le quisieran llevar y sobre todo de comida porque nos caía de perlas. Éramos muchos y el sueldo no era la gran cosa.

Así las cosas, mi papá no aceptaba venirse a Guadalajara y mi mamá, que era muy enérgica, un día se puso muy terminante y le dijo:

– Mira, Ramón, yo me voy a Guadalajara.

– ¿A qué te vas? – le contestó mi papá.

– A pedir limosna si es necesario, pero yo aquí no me quedó. Ramón está por salir de primaria ¿qué van a hacer mis hijos refundidos en este pueblo? meterse en los billares como se meten todos los jovencillos a adquirir una serie de vicios – dijo – no.

Y así fue como se vinieron a Guadalajara. Mi papá por algún conducto encontró trabajo de lo que era su verdadera y auténtica profesión, de maestro tornero, en una fábrica de jabón que entonces empezaba a agarrar auge, pero que ahora hasta exporta. Mi papá era el que hacía las piezas de las maquinarias en los tornos. Era un hombre muy respetado, muy apreciado por sus patrones. Uno de ellos se apellidaba Sánchez y el otro Martínez, y la firma era Sánchez y Martínez.

Cuando llegaron mis papás y mis hermanos a Guadalajara, yo me fui a vivir con ellos. Entonces sí hubo la necesidad de que yo trabajara, ya andaba pisando los dieciocho. Así que saliendo de mis clases en la Facultad, me iba a hacer un inyectadero por todo el barrio. Inyecciones en la vena, intramusculares, llevaba suero, vacunas de salubridad del hospital para los niños y hasta oídos agujeraba en las niñas recién nacidas. Y todo eso era dinerito. Cobraba las inyecciones intramusculares a veinticinco centavos, las intravenosas a cincuenta y los sueros a peso. Todo ese dinero entraba a la casa, porque mis hermanos estaban chiquillos todavía.

Así que ya no hubo problema en ver a José, porque yo ya lo veía en la casa y para entonces me cargaba una pelota que para qué te cuento. Ya empezábamos a estar muy enamorados. A los tres meses sentimos el furor de novios y me dijo:

– Nelly, pues yo quería decirle - dice - que si usted no tiene inconveniente – dice - pues que ya nos empecemos a hablar de tú. Pues ya son tres meses de tratarnos, congeniamos, usted cada día me simpatiza más, yo creo que yo no le soy indiferente ¿le parece que ya nos hablemos de tú?

– Pues sí – le dije yo – ya vámonos hablándonos de tú.

¿Cómo se te hace? Ahí tienes que un día, me lo encontré en la esquina de la casa y me detuve un rato ahí a platicar con él y allí me robó el primer beso. Me lo robó, no me lo dio, me lo robó. Ya llevábamos como cuatro meses de novios y yo toda digna y toda enojada porque había tenido el atrevimiento de besarme sin mi permiso, así eran entonces las cosas.

Cada quince días que le pagaban me llevaba un regalito. Se usaba el chongo a la española con moños o con flores, y siempre me llevaba algo, unos aretitos, algo. Yo le digo, "si tú tienes la culpa de que yo sea tan colguijienta". Porque diario me llevaba algo. Detallitos insignificantes, pero que cada quince días yo recibía un regalito de él.

Un día de esos llegó en la noche, ya estaba lista para presentar mi examen de obstetricia, tenía mi examen totalmente preparado, no me iba a faltar más que el año de la práctica asistiendo en las salas de parto cuando entonces ese día llega José y me dice:

– Tengo la oportunidad de ingresar al departamento de auditores, pero para eso necesito irme de aquí porque me están solicitando en el norte o en el sur ¿Nos vamos o te quedas? – me preguntó a secas.

Él empezó en el ferrocarril desde muy abajo por las influencias de mi suegro. Así era entonces el sindicato, no ponía ninguna traba para que los hijos de los trabajadores del ferrocarril ingresaran a servir ahí. Entró como llamador, o sea un muchacho que va y toca a las casas. Antes no era tan común el teléfono para los maquinistas y como todos vivían en el área de la estación, andaban los llamadores en bicicleta tocándoles la puerta para avisarles cuándo salía su viaje. Empezó desde abajo, pero se pudo costear una carrera de contador después del sexto año de primaria, que era como el equivalente de la carrera que hacían las mujeres de comercio, pero un poquito más elevado y como siempre ha sido tan bueno para los números pues no le costó ningún trabajo. Ya para cuando yo lo conocí ya era oficinista.

Ésa fue mi declaración de matrimonio, *"nos vamos o te quedas"*. Tierno el hombre como toda la vida. Yo sentí que me tragó la tierra. Pensaba, cómo que después de dos años y medio de noviazgo *"te quedas"*, si yo ya estaba enamorada de él. ¡Yo! Porque estaba más enamorada yo que él.

Le dije:

– Déjame pensarlo – le pedí – siquiera por el día de ahora.

– Está muy bien – dice – piénsalo, pero mañana me tienes que responder porque yo tengo que avisar que acepto y para dónde acepto si para el norte o para el sur.

Al día siguiente llega puntualmente a casa de mis papás y me pregunta:

– ¿Qué has pensado?

– Nos vamos – le dije – nada más que tendremos que casarnos.

– Por supuesto. Mañana vienen Carmela, mi hermana, y mi papá a pedirte y te traigo el dinero para que empieces a hacer los preparativos porque salimos de aquí el día 12 de julio en la noche.

Ya te imaginarás el impacto que le causó a la hora que se lo dije a mi pobre madre. Me imploraba bebiéndose sus lágrimas:

– Hijita, yo no me opongo a que te cases, eres mujer, ése es tu destino. José es un buen muchacho, considero que va a ser un buen hombre, un buen marido. Pero recíbete, te falta un año, si él de veras te quiere, vuelve por ti, pero recíbete. Que todo tu esfuerzo de no vivir juntas, de vivir separadas, tu esfuerzo de trabajar para costearte tus estudios, para ayudarme, que no sea en vano, recíbete mijita.

No me quise esperar, se me figuraba que lo hubiera perdido, porque era muy guapo mi esposo, demasiado guapo.

Así las cosas, me propuso matrimonio un 27 de junio y para el 12 de julio estábamos casados. Se corrieron las amonestaciones y me dio 100 pesos para el ajuar de novia. Salimos mi mamá y yo a comprar una tafeta a cuatro pesos el metro y quién sabe cuántas piezas de encajes porque el vestido era circular con un moño de azares. Mi mamá me hizo el vestido. Un zapatero fabricante de calzado para damas me debía unos centavos porque yo les inyectaba a sus hijos y me los pagó con los zapatos blancos y mi prima me prestó su velo. Con decirte que tu abuelo acabó vendiendo hasta su bicicleta para solventar los gastos de la boda. Una bicicleta en la que iba por mí a la escuela y me montaba en el cuadro. Mis hijas se botan de la risa: "Mamá, te subías a su bicicleta". "Claro, porque era lo más común, nadie tenía coche más que los riquillos y tu papá no era riquillo".

Me casé en misa de ocho de la mañana en la iglesia que me correspondía de la Purísima Concepción por la calle de Obregón. Una iglesia horrorosa, que hasta la fecha sigue siendo fea.

En casa de mi tía Clarita se me hizo una comida de sopa de arroz con mole. La comida tradicional de las bodas de entonces, todo muy casero. Y esa misma noche con un belis cada uno y veinticinco pesos en la bolsa, salimos a México a iniciar una nueva vida. Prácticamente no tuve luna de miel, la noche de bodas la pasé a bordo de un tren, en el Pullman que llevaba camas. Una arriba y otra abajo, cada una con su cortina independiente.

Al llegar a México, tu abuelito se presentó ante sus superiores y después platicó conmigo las opciones.

– ¿Cómo ves? Me ofrecen irme para el norte o para el sur. El sur es muy insalubre, hace mucho calor – en ese entonces en el sur andaban casi, casi con plumas los de por allá – en el norte la base está en Monterrey, es una ciudad muy progresista, la frontera está a cuatro horas. Hay la posibilidad a que yo me dedique a traer cosas del otro lado para vender, en fin, dice, ofrece otras perspectivas.

– No, pos a Monterrey – le dije

– Aunque también hace mucho calor

– Pos, no importa – le contesté.

8.

Consagrada

Cuando llegamos a México me reporté inmediatamente con mi papá Ángel. Él sabía que yo me casaba y esa misma noche que llegamos me dijo:

– Hijita, yo creo que ha llegado el momento de que tú conozcas a mi familia y de que mi familia te conozca a ti. Los espero en la Compañía de Luz a la salida, como siempre, para llevarlos a mi casa a cenar.

Leonorcita, la esposa de mi papá Ángel, ya sabía de mí. Lo supo toda la vida. Eran del barrio mi mamá y ella. Por cierto, un día que mi papá por conquistar a Leonorcita me negó, ella le dijo:

– No, Ángel, eso sí que no me lo puedes negar porque la niña es toda tu cara.

Ella me supo desde todo el tiempo, pero fue una mujer muy inteligente. Sabía bien que no iba a poder luchar contra mí. Mi papá Ángel, con los años le confesó que me veía, que me quería y que era igualita a él.

De tal suerte que cuando llegamos a México, mi papá nos invitó a mi marido y a mí a su casa.

Yo estaba muy nerviosa, pero nerviosísima. Leonorcita, la esposa de mi papá Ángel, me recibió con la mejor de sus sonrisas y con los brazos abiertos.

– No te sientas mal, eres la hija de Ángel y ésta es tu casa y estos son tus hermanos.

Desde ese momento Leonorcita y yo hicimos *clic*. Nos amamos la una a la otra lo que no te imaginas. Fíjate qué suertuda tu abuela, hija. Quererme una persona que no tenía porqué quererme. Ella también reconocía muchas cosas. Como ella misma me llegó a decir:

– Lo que no fue en mi año no fue en mi daño. Lo de tu mamá fue antes de lo mío así es de que, yo no tengo porque guardarte un rencor a ti.

Con el paso de los años hasta me enseñó a guisar como ella y cuando murió, muchos años después de mi papá, yo fui a su sepelio.

A los dos días salimos de México rumbo a Monterrey. El tren en que viajábamos paraba en Querétaro y ahí se subió un matrimonio de Monterrey. Él trabajaba también en el Departamento de Auditores, se llamaba Lino. Era un hombre casado en segundas nupcias con una señora lindísima que se llamaba Luz María y de cariño le decían Lucita. De Querétaro a Monterrey se hacía toda una noche y parte de otro día. Mi marido le preguntó a Lino:

– Lino, tú que conoces el ambiente de Monterrey, ¿dónde será bueno encontrar una casa de asistencia donde dejar yo a mi esposa mientras salgo a camino?

Tuvimos mucho tiempo para conversar y conocernos. Lino y Lucita se dieron cuenta que no llevábamos dinero y que no teníamos a dónde llegar en Monterrey. Lino bajó la cabeza y después de pensar detenidamente contestó:

– No pos hombre que conozca una casa de asistencia de fiar ninguna, todas las que hay ahí alrededor de la estación pues no son muy recomendables. Y a esta muchacha tan jovencita cómo la vas a dejar sola. Pero mira, no hay cuidado, les ofrezco mi casa, nada más por unos días, mientras se acomodan, mientras buscan, les ofrezco mi casa.

Lucita igual me extendió la invitación a mí con su sonrisa después de la invitación sincera de su marido. Tenían un par de niños. Así que en una recámara dormían ellos y en la otra pieza juntaron a los dos niños en una cama, y nos dejaron la otra para nosotros.

Así las cosas, llegamos a Monterrey con muy buena suerte, porque Dios es grande, y vivimos ahí once felices años. De ahí son tu tío, tu papá y tu tía. Fue una cosa preciosa porque la gente del Norte es la gente más hospitalaria, más abierta, más amiga que puedas tener idea.

Hicimos amigos queridísimos que hasta la fecha tenemos, unos de ellos viven en San Pedro Garza García. Fue una auténtica felicidad mi estancia. Además recién casada, todavía los primeros diez, quince, veinte años te sigues comiendo el pastel de la boda, no te lo acabas de comer.

Siempre tuvimos el hábito del ahorro, desde el primer pago que le hicieron a tu abuelito empecé a ahorrar. Llegó y me dijo:

– Esto es lo que gano, aquí está. Tú sabes cómo lo distribuyes.

Inmediatamente agarré y apunté en una libretita, que me costó cinco centavos, puse la fecha y lo que me había entregado y empecé a apuntar cosa, por cosa de mis gastos y me acuerdo que me sobró dinero. A partir de ese momento ese dinero fue a dar al banco, yo jamás pensé en irme a comprar un vestido, en unos lujos innecesarios, en nada.

Vivimos con Lino y Lucita tres meses. Ya después nos decían:

– ¿Para qué se van? Si las mujeres se llevan de maravilla. Mira aquí hay un patio muy grande, enorme, con ese dinero que van a dar de anticipo levanten una pieza y ahí vivan ustedes si lo que no quieren es estar ya en la casa con los huercos.

Pero yo tenía la ilusión de mi casa. Me había llevado de Guadalajara dos colchas de gancho que me había tejido Carmela, mi cuñada, y me habían pagado una cuenta de inyecciones con dos sábanas. Tu abuelito llevaba la cobija de su casa y yo llevaba la de la mía.

Cuando empezamos a buscar un lugar propio donde vivir, empezamos a buscar en las vecindades pero eran paupérrimas. Así que buscamos algo más o menos cerca de la estación. Una casita chiquita, pero no encontramos. Hasta que un día pasamos por una casa de familia muy decente, y había un letrero en la ventana que decía: "Se renta cuarto". Me interesó y tocamos. Salió una señora gorda, güera, de ojos claros muy amable que se llamaba Aurorita y salimos de ahí con la piececita rentada. Nos rentaba a treinta y cinco pesos al mes con luz y sin gas porque todavía no había gas en esa casa, el gas en Monterrey empezó a llegar por tubería.

Lo primero que hice fue ir al mercado a comprar mi bracero de lámina, mis cazuelas de barro y ese comal en el que todavía se calientan las tortillas, que se me hizo carísimo y yo no lo quería comprar si no fuera por el dueño del puesto que me dijo:

– Mire, niña, no se va a arrepentir porque este comal está hecho del acero de las máquinas que desechan. Va a ser eterno, usted se va a morir y el comal va a seguir.

Y mira palabra, te lo voy a enseñar porque sigue enterito el comal. Entonces pagué lo caro del comal, pero lo compré. Compré además un bote para mis cargas de carbón. El carbón lo vendían hombres que andaban en burro, con los costales de carbón a los lados, así que tú llegabas con ellos con el bote para cargar las piezas de carbón que compraras.

Después nos lanzamos a comprar una cama y un colchón porque ni a cama llegábamos, y me encontré con una cama matrimonial que me encantó con una mesita buró y una cómoda de cuatro cajones. El esposo de Aurorita, la dueña de la casa, coincidentemente trabajaba en una maderería. Entonces mi marido le encargó madera y bajo la dirección del esposo de Aurorita, me hizo mi primer ropero, que no era más que un armazón con la tabla de arriba y dos tablas a los lados. Pa' pronto le compré unas cortinas floreadas, muy monas. Mis colchas blancas con las carpetas que yo llevaba. Poco a poco, con lo que podía, compraba una mesita rústica de madera, una lata de pintura, mi barra, mis sillas, y puse una piececita de lo más mona que te puedes imaginar. Era admiración de propios y extraños. Aurorita, en cuanto le llegaba visita le decía:

–Tengo de inquilina una huerca de Guadalajara - porqué ya ves que allá a la gente joven le dicen huerca y huerco - vengan para que la conozcan.

Y ya les presumía:

– Vean nomás qué cama, parece una espuma y miren qué esto y miren qué el otro.

Tenía una mesita con dos sillas que había comprado en la calle y después tu abuelito me hizo una repisa, para guardar mi loza: dos platos, dos tazas y dos vasos. La mesa donde comíamos tenía cajones y ahí guardaba mis cuchillos. Pos en realidad un cuchillo que todavía hasta la fecha lo uso y que anda por ahí. Te lo voy a enseñar. Así empecé hija, pero vieras qué feliz. Yo creo que fue la época más feliz de mi vida.

Nosotros nos casamos en julio y tu tío nació en septiembre del año siguiente. A los seis meses de casada salí embarazada. Me puse malísima de los achaques de tu tío, malísima, y tu abuelito se iba a trabajar. Salía a Tampico a las siete de la mañana y regresaba hasta el día siguiente a las siete de la noche. Llegó a haber ocasiones en que así como me dejaba, así me encontraba. Yo no había tomado ni agua, porque todo lo que tomaba lo devolvía.

Llegada Aurorita, la dueña de la casa, con todos sus años, con su tazón de caldo de frijoles, con migas de tortillas o con un pedacito de algo.

– Huerca, por lo que más quiera, coma – me decía – esa criatura va salir hecha una rata.

– Ay, Aurorita, el caldo de frijoles sabe a cucarachas.

– No sea mentirosa, me decía, ¿Cuándo a comido cucarachas?

– No, pero así han de saber – le contestaba.

Me chiquiaba, me llevaba comida, estaba al pendiente de mí como una verdadera madre. Hasta que poco a poco pasaron los tres meses y empecé a recuperarme y luego todo marchó bien.

Tu tío nació en el cuartito que le rentábamos a Aurorita en la avenida Cuauhtémoc. Cuando nació vino mi mamá de Guadalajara para estar conmigo con mis dos hermanas chiquitas Pina y Lupe. Antes así se usaba. Qué esperanzas que la hija pariera sin la mamá por un lado.

Estábamos acabando de desayunar, tu abuelito había llegado de Tampico un día antes en la noche. Me vio mi mamá y me preguntó:

– ¿Qué pasó?

– Ay, no sé - le dije - sentí una cosa rara.

Al rato volví a sentir lo mismo pero más intenso. Me dijo mi mamá:

– ¿Sabes qué, hija? ya estás mala, esos son síntomas de alumbramiento. Te van a empezar a dar los dolores más seguidos y más fuertes.

Yo ya tenía vista a la partera, que era una señora partera. Quién sabe cuántos cientos de miles de partos llevaba. Era una señora ya grande, competente, considerada y cariñosa. Como a las siete de la noche fui a verla. Me examinó y me dijo:

– Sí, esto va ser por ahí de las 9, 9:30 ó 10 de la noche. Vete corriendo a tu casa y allá te caigo al ratito que termine yo de aquí de la consulta. Ya traes tanto de dilatación.

Me fui a la casa y efectivamente tu tío Pepe nació a las nueve de la noche.

Los partos en ese entonces eran a cappella. No te ponían ni siquiera una inyección. Eran a puro valor mexicano. Te agarrabas de lo que podías. Yo me agarraba del respaldo de la cama. Y pújale, y pújale, y pújale.

Ahí viene ya. Ahí viene ya, decía la partera. Sostenme el pujido porque ahí viene ya.

Primero sale la cabeza y ya que apunta se ve el cuerpo. Cuando viene ese segundo dolor de la expulsión, la partera tiene que estar muy lista porque el niño se viene como jabón que se te escapa entre las manos. Y después se escucha el chillido. Fue tan curioso con tu tío, porque siempre habíamos pedido un niño. Yo estaba exhausta por el dolor de la expulsión que acababa de pasar pero cuando vi que la partera alzo al niño y le separó las piernitas como no ver otra cosa le vi las palomitas. Y fui yo la que pegué el grito.

¡Es niiiiiiiiiiiiiiño! ¡Es niño!

No me esperé ni a que mi mamá, que estaba a un lado de mí, ni que la partera dijera algo. Qué tan fuerte no habré gritado que afuera estaban tu abuelito y Aurorita y hasta ellos escucharon mi anuncio de la llegada.

Al poco tiempo Lino y Lucita, con los que llegamos primero a vivir a Monterrey, se regresaron a vivir a Querétaro y desalojaron la casa de Reforma. A nosotros se nos acomodaba muy bien la casa y nos fuimos a vivir ahí. Nos mudamos con tu tío de brazos y prácticamente fue ahí donde inicié mi vida de casada. En las dos casas anteriores estaba reducida a un espacio corto, a una pieza. Pero ésa era una casita en forma con todo y que era muy antigua y de adobe.

Al entrar había una pieza grande, como de cinco por cinco. Donde la mitad de la pieza se hacía recámara y la otra mitad una pequeña sala. Empezamos a comprar nuestros primeros muebles. Modestos pero muy bonitos. En esa casa me compró tu abuelito una recámara de la famosísima marca Malinche de Monterrey que son muebles eternos. Y luego me trajo de Linares, Nuevo León un mueble de palma que constaba de un sofá, dos sillones y una mesita. Muy fresco y agradable para el clima de Monterrey. La pieza de enseguida también la tenía dividida en dos. En una mitad un pequeño antecomedor y en el otro una cama que era donde dormía tu tío. Como eran piezas tan grandes no se notaba que había revoltura sino que quedaban espacios completamente separados. Lucía la casa bonita aunque era más bien fea por lo antigua, pero yo la pintaba como podía. Lo único que no pude pintar sola fue la primera pieza. Tenía techos de cuatro metros de alto y tuve que pagarle a un viejito para que me la pintara. Me cobró la fabulosa cantidad de tres pesos. Imagínate lo barato que era todo.

Cuando nació tu papá, me vio la misma partera que me atendió con tu tío. Iban a llegar mi tía Josefina de Puebla y mi mamá de Guadalajara a esperar a que naciera tu papá. Yo quería tener todo albeando. Andaba todavía con el trapito del aceite limpiando mis muebles cuando me dio el primer dolor. Me agaché y me acuerdo que pensé "date prisa porque esto ya está aquí".

Eso debe de haber sido como a las 4 ó 5 de la tarde y tu papá coincidentemente también nació a las nueve de la noche. Mi mamá y mi tía no llegaron sino hasta el día después en la mañana. Cuando llegaron yo ya tenía a mi niño por un lado.

Todo era tan bonito, tan distinto, tan tranquilo. No te causaba dolor lo que acababa de pasar. Es que hija, la maternidad es tan sublime que en cuanto tú ves a tu hijo no te importa pasar por una docena más de esos malos ratos y dolores con tal de tener la dicha de tener otro hijo.

Yo vivía consagrada a mi casa, a mis hijos y a mi esposo. Como tu abuelito viajaba, yo procuraba hacer todo mi quehacer a conciencia a modo que cuando él estuviera, dedicarme nada más a él y a mi comida. Cuando él salía en camino yo preparaba mi tina de ropa para planchar desde en la tarde. De manera que en cuanto bañaba y acostaba a mis hijos me ponía a planchar al pie de una ventana, que daba al área de la recamarita en la segunda pieza. Era la única forma de poder aguantar aquel calor insoportable. Eran literalmente chorros de sudor los que me corrían.

Yo esperaba a tu abuelito de sus viajes con tanta ilusión. Me aseguraba de que siempre estuvieran sus hijos impecablemente bien arreglados. En la cuadra tuvieron siempre fama de niños limpios y arreglados. Yo me vestía lo mejor que podía a pesar de tener muy escasa ropa. Todavía tenía lo que me había llevado de Guadalajara.

En ese entonces tu abuelito corría a Tampico y traía unos torteates. Unos recipientes de tule tejido de un petate, llenos de chicharrón de pescado que le decían chicharrón de catán. Ay, hija, la cosa más deliciosa que te puedas imaginar. Eran unos trozos dorados como de 5 por 10 centímetros. Tu abuelito los entregaba a las cantinas para la botana. Imagínate a cómo los compraba que ya ganándole los daba a peso. Era una cosa deliciosa, no se me olvida el sabor de aquel pescado frito en su aceite.

Ésa era la manera de cómo íbamos ahorrando. Desde la primera quincena que me entregó tu abuelito abrí una cuenta en el banco y fuimos incrementándola con lo que se podía: diez pesos, cinco pesos. Pero aquella cuenta siempre se incrementaba. Nunca nos salimos de nuestro presupuesto. No pedíamos prestado. No nos endrogamos con nada. Si queríamos comprar algo o hacer algún viajecito, salía de nuestras reservas y de nuestros ahorros. Tuvimos una vida económica limitada, pero desahogada. Nunca nos extralimitamos en nada. Yo vivía eternamente pensando. Las veces que me llegó a llevar tu abuelito a Laredo yo jamás me paré en una tienda de vestidos. Mis tiendas siempre fueron como JCPenney porque allí encontraba colchitas y cortinas muy monas baratas. Todo, todo encaminado a mí casa. Era una enamorada de mi hogar.

Cuando vivíamos en la casa de Reforma metieron el gas por tubería en Monterrey y tu abuelito me compró mi primera estufa. Me duró treinta y ocho años. La vendí para venirme vivir a este condominio. La estufa se fue flamante porque era americana de muy buena marca y yo la cuidaba mucho. Mi pasión era la cocina. Hacía bisquets y un panecito que yo le decía rollo de canela.

Antes las señoras se salían en verano a sentar afuera de sus casas y se estaban en la mecedora, a veces hasta cabeceando. Era muy seguro Monterrey. Qué esperanzas que asaltaran. Nuestra pasada obligatoria para ir a tomar el camión a la Calzada Madero era por la calle de Serafín Peña. Yo pasaba con mis dos hijos y no faltaba que me parara a platicar. Ahí vivía una señora con su esposo y la mamá de la señora. Siempre me chuleaban a los niños. Y si hacía algún pan les llevaba a estas señoras un bocadito, una probadita. Teníamos cierta amistad de vecinas. Un día me dijeron que se iban a regresar a Tampico y que si no nos interesaba irnos a vivir a esa casa. Enseguida de la casa en una ochavada en la esquina de Serafín Peña y la Calzada Madero habían puesto una peluquería, muy bien puesta. Tenían espejos de un lado de la pared a la otra y de piso a techo y sillones americanos muy bonitos. El señor era aduanero y se le facilitaba comprar y pasar todas esas cosas sin pagar. El señor no sabía nada de peluquería pero tenía muy buenos empleados. El negocio no era un éxito pero ahí la llevaban.

Así que cuando se iban a cambiar me ofrecieron pasarme la casa a mí.

– Sí, cómo no – les dije yo muy contenta.

La casa la tenían muy limpia, muy mona y se me acomodó luego, luego. Además nos ofrecieron el negocio. Acordaron pasarnos los cencerrees de la peluquería totalmente al costo, porque no podían llevarse las cosas a Tampico. Así fue como nos hicimos de ese primer negocio. Aparte de que tu abuelito acarreaba todo lo que podía de camino. En Linares hacían muy buenas escobas de raíz. Él las traía y yo las vendía entre las vecinas. Traía ristras de ajo y también las vendíamos. Siempre estábamos viendo la manera de que a la casa entrara un ingreso adicional, aunque fuera poco, para tener un poquito de mejor nivel de vida de lo que podíamos tener con el puro sueldo de tu abuelito.

La casa de Serafín Peña se me hizo una bendición. Era muy mona, de ninguna manera lujosa, ni moderna pero ya era una casa más acomodada. Entrabas y la primera pieza era nuestra recámara. Enseguida, a mano derecha, la recámara de tu papá y de tu tío, con las camas que hasta la fecha tiene tu papá. Un comedor pequeño y un antecomedor más formal. En esa casa tuve mi primer refrigerador. Y luego la cocina con puerta al patio donde había un baño con boiler y cositas de más comodidad.

Precisamente en esa época fue cuando surgió la penicilina. Era muy molesto porque había que ponerla cada tres horas, pero como tu abuelito casi no estaba, aceptó que en la noche fueran por mí la pareja: el esposo y la esposa. Me llevaban, inyectaba y me volvían a traer. Y de día yo iba sola. Así que yo también tenía mis centavos. Centavos que ocupaba en mandarle a mi mamá. No podía pedirle dinero a mi marido para ayudarla a ella. Así que el dinero de las inyecciones se lo mandaba: ya fuera para el 10 de mayo, para su cumpleaños, para Navidad o cuando yo sabía que se ponía malita. Aunque fuera poco, pero siempre le mandé. Jamás olvidé a mi madre. Es una de las bendiciones que considero haber ganado ante Nuestro Señor. Siempre la tuve presente en todos sentidos, pero económicamente también.

En la casa de Serafín Peña nació tu tía y en esa casa les dio sarampión a tu papá y a tu tío. Estaban muy chiquillos. Como te digo, empezaba apenas la penicilina y la medicina estaba en pañales. Un sarampión mal cuidado era motivo de muerte para una criatura.

Cayeron los dos. Uno en cada camita. Iba el doctor todos los días a la casa a verlos. Tu tía estaba chiquita, tenía un año cuatro meses. Empezaba a caminar. Me acuerdo que fue en enero y estaba haciendo de esos fríos de Monterrey que son tremendos. Amanecían los alambres de la ropa con piquitos de hielo y la pila de agua con una pecata congelada.

Un día en la mañana les puse a cada uno su bacinica para que hicieran pipí y salí por la puerta de la cocina al patio para entrar al baño a tirar los orines y después regresarme al lavadero a lavar las tinitas. Pero cuál va siendo mi sorpresa que la niña estaba detrás de mi, descalza con su piyamita nada más. Hacía días que había escuchado a la niña toser pero por andar en las fatigas de atender a los dos niños no se me había ocurrido decirle al Doctor de la revisara.

Dejé caer las bacinicas en el lavadero y corrí para abrazar a la niña y meterla a la casa. Le toqué la frente y me di cuenta que ya tenía calentura.

Para en la tarde le habían entrado los síntomas del sarampión complicados con una bronconeumonía por ese enfriamiento que le pegó tan temprano. En ese entonces una complicación similar era mortal por necesidad. No ha sido por la penicilina y esa niña no se salva.

– Tu abuelito no estaba y yo con un cansancio y una fatiga que me nublaba el pensamiento.

De ratito llegó una comadre queridísima, mi comadre Cristina. Ese matrimonio era de Aguascalientes y vivían por la Reforma, dos casitas delante de la mía. Nos hicimos grandes amigas. Ellos tenían una muchachita poquito mayor que tu tío. Estaba enferma de Poliomielitis. Tenía aparatos en sus dos piernas pero con todo y eso jugaban mucho tu tío y ella.

Tu tío cumplió dos años sin hablar, yo ya me empezaba a preocupar. Decía lo indispensable: "mamá", "papá", "agua", pero no hablaba de corrido. Y la niña no caminaba, donde la dejaba su mamá ahí se quedaba. Se empezaron a juntar a jugar en las tardes y el resultado fue que tu tío habló y la niña caminó. Por seguirlo, agarrándose de los muebles, impulsándose de lo que podía la niña empezó a caminar. Caminaba con sus aparatos, claro, pero ya no dependía de su mamá para cambiarla de lugar.

Casi siempre cuando no estaban los maridos, pasaba yo las tardes en su casa con mis hijos o la pasaba ella en la mía. Ese día con el pendiente de mis niños fue a la casa. Me encontró casi llorando porque ya la niña tenía morado alrededor de la boquita.

– Comadre, ¿qué tiene la niña? – me preguntó consternada Cristina.

– No sé – le dije.

– No, esto no está nada bien – dice – esto no está nada bien. Hay que localizar al doctor pero inmediatamente hay que localizarlo.

El teléfono del doctor estaba en una de las recetas de los niños y logró localizarlo. Al poco rato estaba el doctor en la casa. En cuanto entró y vio a la niña en la cuna dejó caer su maletín en la silla y le dijo a mí comadre Cristina:

– Vaya a este domicilio y dígales que traigan un tanque de oxígeno. La niña se está asfixiando.

Después de examinar a la niña, me dijo el doctor:

– Inmediatamente que llegue el oxígeno que se lo instalen.

Yo gritaba a todo lo que me daba el pulmón de la desesperación. La niña estaba agonizando.

A la hora que llegó la enfermera le quisieron poner el oxígeno directo pero no lo soportó. Tuvimos que hacerle una casita con sábanas en la cuna para que retuviera el oxígeno en el ambiente. Estaba ardiendo en calentura. Yo le pedía a Dios a gritos que no se la llevara. No concebía, ni por instante, que llegara su papá al día siguiente y la encontrara muerta.

El doctor pasó a las once de la noche para checar a la niña y vio a los niños y me dijo:

– De sus niños no tenga pendiente. Solo cuídelos de que no salgan de la pieza, que les lleven todo a la pieza. Usted dedíquese a su niña. Déle todos los líquidos que pueda darle. Hágale una olla de té de lo que usted le pueda dar. De preferencia manzanilla. Y déle todos los biberones que quiera a la niña con azúcar o con miel.

Me la pasé con ella. Se me olvidaron mis niños. Se me olvidó todo. Una vecina me llevó una mecedora y me senté toda la noche al pie de la cuna con la niña. Le ponía el biberón de té en la boquita y se lo tomaba de un sorbo. Estaba deshidratada. Era un biberón detrás de otro.

A partir de ese momento me consagré a mi niña, no dormí en toda la noche. Mi comadre Cristina se acostó en mi cama por un lado de mí. Mis vecinas me estuvieron llevando comida y otros compadres, Oscar y Gloria Sánchez, pasaron la noche afuera de la casa en su carcanchita de coche por si se llegara a ofrecer algo. La gente de Monterrey era lindísima, lindísima.

Ya se habían comunicado con tu abuelito por medio del telégrafo del ferrocarril a Matamoros, que era por donde pasaba su corrida. Le avisaron que la niña estaba sumamente grave. Ya te puedes imaginar la angustia de tu abuelito. No encontró quién se viniera en su lugar y no podía dejar el tren desprotegido. Tuvo que venirse hasta el día siguiente. Se encerraba en el baño a llorar. Cuando le entregaron el mensaje le dijeron:

- Compadre, lo más probable es que a la niña no la encuentres.

A la mañana siguiente, a las siete, estaba el doctor en la casa. Después nos confesó que llevaba el certificado de defunción de la niña en su maletín. Bendito sea Dios no fue así. Evolucionó a favor, con muchos cuidados y precauciones que todavía a la edad de once años padecía constantemente bronquitis. Nunca supo de una nieve, de una paleta o de entrar en una alberca. La bañaba al pie de la cama en las noches, ya grandecita, parada en una tina de lámina. De antemano le planchaba su pijama para que estuviera bien calientita.

El doctor me dijo que en la edad del desarrollo la niña se iba a componer. Y así fue.

9.

La señora de los zapatos

V ivimos once años en Monterrey. Cada verano jurábamos, tu abuelito y yo, que era el último que pasábamos ahí. No existía el aire acondicionado, ni los ventiladores muy grandes. Si tenías un ventiladorcito común y corriente ya te iba bien. Yo tenía uno pequeñísimo. Eran otros tiempos.

Ni quién se volvía a acordar que existía la cama. Dormíamos con una colcha tendida en el suelo. Me levantaba a media noche y me metía a la regadera un rato para refrescarme. Luego me enredaba en una sábana y así enredada y mojada me volvía a acostar para poder conciliar el sueño.

Fue en una noche a principios de verano de 1954 que me dijo tu abuelito con tono resuelto:

– El próximo verano, en cuanto salga el niño de la escuela, nos vamos a Guadalajara.

Los primeros años de escuela los hizo tu tío en la Escuela Calles que está por la Calzada Madero, una de las principales avenidas de Monterrey. No de los barrios elegantes, ni del centro, sino de cerca de la estación del ferrocarril. Era la pasada obligatoria para ir a Las Mitras, al Obispado y a la Colonia del Valle, que eran las zonas de la gente de dinero de Monterrey. Tu papá hizo ahí el kinder. Me acuerdo que, pobrecito, era tan pegado a mí. Tenía mamitis aguda. Los dos o tres primeros días que fue al kinder me tuve que quedar ahí sentada donde me estuviera viendo. Nomás veía que me desaparecía y pegaba de alaridos. Las maestras mismas me dijeron:

– No, señora. Este niño no se puede quedar aquí. Se va a traumar. El único modo es que usted se quede.

Me tuve que quedar ahí sentada. Hasta que poco a poco se fue encarrilando con los amiguitos. Él se fue acostumbrando y yo me fui desapareciendo.

Otro de los problemas de tu papá fue que le tenía pavor a la alberca. Me tenía que meter yo con él y no se desprendía de mí ni un solo segundo. Nos íbamos con ellos chiquillos de día de campo a Villa de Santiago. Había un balneario muy bonito. Pasaban los compadres Oscar y Gloria Sánchez por nosotros en su carcachita, le decíamos "la lavadora" al carro porque hacía un ruido de chaca-chaca igualito al de las lavadoras de aquel entonces.

– ¡Comadre! Vámonos – me gritaba el compadre desde la banqueta.

– Estoy haciendo de comer – le contestaba de la ventana de la cocina.

– Pues, ¿qué tiene? – me preguntaba.

– Apenas llevo la sopa y tengo los frijoles.

– Tráiganse las cazuelas con lo que tenga. ¡Vámonos! – me decía el compadre.

Así que le daban un jalón a la lavadora y nos íbamos. No sé cómo cabíamos en aquella carcanchita. Íbamos a Chipinque, a Villa de Santiago y a San Pedro Garza García. Ahora son Colonias de Monterrey pero en aquel entonces ahí se hacían los días de campo. Monterrey llegaba hasta La Cigarrera, la fábrica de cigarros. Fue un tiempo precioso.

Nos fuimos a vivir a Guadalajara en julio de 1954. Tu abuelito pidió franquicia para transportar los muebles en un furgón de ferrocarril. El furgón era muy grande y se podía abrir por los extremos en vez de por en medio. Y como los muebles eran pocos, pusieron una rampa y metieron nuestro cochecito, que nos costó 3,000 pesos. Lo atrancaron bien para que en una frenada del tren no se fuera el coche contra el menaje de la casa.

Llegamos a Guadalajara sin casa. Traíamos una alcancía de 10,000 pesos de aquellos ayeres y cajas de ropa americana para vender. Tu abuelito ya le había hallado bien a la cosa de comprar ropa barata allá y mandársela a mi mamá y a mi cuñada Carmela a Guadalajara para vender.

Nuestro error consistió en habernos ido sin que tu abuelito tuviera trabajo seguro en el ferrocarril. Se vino como extra, pero con todo y eso tuvimos un acierto muy grande.

Nos vinimos en tren de Monterrey a San Luis y de San Luis a Guadalajara viajamos en camión. De lo contrario había que ir hasta Querétaro y transbordar. Veníamos entrando, muy en las afueras de Guadalajara y a la pasada vimos que en una bocacalle donde estaba trazada la Calzada Revolución y la calle 56, había letreros que decían "Se venden estas casas". Le dije a mi marido:

– Mira, hijo, se venden estas casas.

– Me – dijo – si pero está muy lejos.

Así se quedó, pero a mí se me quedó grabado.

Llegamos a vivir a casa de mi cuñada Carmela, que era la que tenía un poquito más de espacio.

Yo nunca conocí a mi suegra, a la señora Jesusita. Murió antes de que yo conociera a tu abuelito. Mi cuñada Carmela, joven todavía, se quedó al frente de la familia con el cargo de su papá y de su tres hermanos que eran Jesús, José y el Carlija, que aún estaba chico. Carmela era muy mujer de su casa y adoraba a sus hermanos con un celo que no te imaginas.

Mi suegro había sido el administrador de una hacienda en Michoacán. La Hacienda del Molino en Vista Hermosa de Negrete. Además era el delegado municipal. Sus responsabilidades incluían firmar los libros del registro civil. Era un hombre muy rudo, cuando no le parecía algo que habían hecho sus hijos los amarraba de un mezquite y los crucificaba a reatazos. En Vista Hermosa gobernaba la ley de la pistola y se mataban por cualquier detalle. La cosa era tremenda. Mi suegro tuvo varios enfrentamientos. Un día el enfrentamiento fue tal que tuvo que salir huyendo. Se escapó de pura fortuna. Refugiado en un lugar secreto mandó por su esposa y sus hijos a la hacienda y fue así como llegaron él y su familia a Guadalajara. Tuvo varios negocitos, una mercería, pero nada le funcionó. Las cosas en la ciudad eran muy distintas a la vida de rancho. Mi suegra tuvo que limpiar ajeno para sacar a la familia adelante. Mi suegro le dio muy mala vida. Con los años pudo mi suegro ingresar a trabajar al ferrocarril y por medio del sindicato le consiguió trabajo a sus hijos ahí también.

Tu abuelito llegaba con su sobre de la raya del ferrocarril y se lo entregaba enterito a Carmela. Ella fue un ama de casa y una mujer admirable en el sentido que acabó de formar a sus hermanos.

De manera que ya te digo, llegamos a Guadalajara a vivir con mi cuñada Carmela. Ya teníamos el cochecito y nos dedicamos a buscar casa por donde quiera, pero no encontrábamos. Las que había eran muy caras y las de nuestras posibilidades eran feas en feos rumbos.

Yo todavía me acordaba de las casitas aquellas que habíamos visto a la entrada de Guadalajara. Así que fuimos y buscamos al que las había construido. Era un constructor muy mal hecho, con decirte que le decían el Borucas, pero mal que bien las casas siguen en pie.

Llegué y se me iluminó el alma al ver la casa nuevecita. Estaba todavía en obra negra, así que la terminaban a mi gusto. Nos pedían de anticipo exactamente 10,000 pesos, que era lo que nosotros llevábamos de alcancía.

La estábamos pasando con los pocos y escasos viajes que hacía tu abuelito, porque te digo que llegó como extra y nos nivelábamos con lo de la ropa que vendíamos.

La casa nos costó 25,000 pesos. Dimos diez de enganche y el resto lo íbamos a pagar de renta con mensualidades. Mi casa nuevecita. No te imaginas cómo me lucía todo: el mosaico, la pintura. Todo era a mi gusto. Me sentía soñada. Pero pasaron los meses y se nos acabó la ropa que teníamos para vender y los viajes de tu abuelito cada vez eran menos. No teníamos recursos para sobrevivir. Pasamos un año muy difícil.

Nuestros compadres Raúl y Cristina, vecinos nuestros en Monterrey, después de muchos años de no tener más hijos que la niña que te digo que estaba enferma de poliomielitis, tuvieron un niño. Ellos salieron de Monterrey casi junto con nosotros a vivir a Aguascalientes. Ellos eran de ahí y nos invitaron al bautizo en Aguascalientes. Ya sabrás que todos los compadres de Monterrey y nosotros de Guadalajara nos dimos cita en Aguascalientes al bautizo.

Estábamos en la mera juventud. Los maridos no se emborrachaban, pero se tomaban sus copas. Era una cosa preciosa. De todo hacíamos fiesta. Mi compadre Raúl ya estaba encarrilado con su planta en Aguascalientes y le dijo a mi marido:

– Hombre compadre, ¿qué les estás sufriendo a Guadalajara? Vente. Aquí alcanzas planta.

Aguascalientes era una población chiquita, preciosa, tranquila. Todo el mundo se conocía. Era gente muy buena. No la pensamos dos veces. Con el poquitísimo dinero que nos quedaba cargamos la mudanza y nos fuimos a Aguascalientes en cuanto los niños acabaron el ciclo escolar. Ahí vivimos cinco felices años.

La casa de los compadres en Aguascalientes era una casa muy grande y vieja que hasta les sobraban piezas. Llegamos a vivir con ellos mientras conseguíamos casa. Como al mes por fin logramos dar con una casita muy mona, barata que me la rentaban a 35 pesos el mes. Era una casa abajo y una arriba. Yo vivía en la de arriba. Estaba en la calle de Constitución, una calle ancha preciosa. Lástima que no te estoy contando esto delante de tu papá, porque ésas fueron sus correrías. Había huertas a las dos cuadras de la casa. Ahora todo aquello son colonias y dependencias gubernamentales. Aguascalientes está hecho ya un emporio del bordado y deshilado a mano.

Esos cinco años en Aguascalientes fueron la mejor época de mi matrimonio. Era una época que en tu abuelito y yo todavía estábamos jóvenes. Nuestros hijos estaban chicos. No nos daban problemas de ningún tamaño. Bueno, los propios de la edad, pero no llegaban a ser problemas. Tu papá con sus travesuras de muchacho inquieto y deseoso de vivir intensamente su niñez, pero nada más. Tu tía siempre fue muy buena niña. Ya estaba superando su etapa de gravedad. Ya no había necesidad de ponerle oxígeno, ni de cuidarla tanto. Tu tío siempre fue muy buen muchacho, tranquilo, estudioso, muy responsable. Siempre con buenas compañías, buenos amigos y tu papá también.

A una cuadra de la casa vivía un matrimonio. Ella me llevaba lo suficiente de edad como para haber sido mi mamá y él era una persona muy mayor. Creo que le llevaba treinta años, pero estaba muy bien conservado. Llevaban una vida ejemplar. Él era agente de boletos en la estación del ferrocarril. Era todo un caballero y ella toda una dama. Ella se llamaba Emeria y él Luis Delgado. De cariño medio Aguascalientes los conocía por "Los tíos". No te imaginas todo lo que aprendí de la tía Emeria. Yo jamás estuve al lado de mi mamá durante mi vida de casada. Lo que traía, ya lo traía, pero nadie me había enriquecido respecto al matrimonio, respecto a muchas cosas como me enriqueció ella. Nos llegamos a tener un cariño entrañable.

Tenían tres hijos, los dos más chicos hacían mucha ronda con mis hijos. Pasábamos la mayor parte de las tardes juntas, sobre todo cuando tu abuelito no estaba. Jugábamos cartas, sin apuesta y sin nada. Se trataba nada más de pasar el rato.

Otros amigos entrañables que tuvimos en Aguascalientes fueron los Barajas. Ramón y María Luisa Barajas. Él era el jefe inmediato superior de tu abuelito. Eran muy cuidadosos en escoger a sus amistades. Los dos eran de familia de Aguascalientes y el papá de él fue el superintendente de la división del ferrocarril toda la vida. Tenían un cierto renombre y abolengo dentro de la familia ferrocarrilera. De recién que yo llegué a Aguascalientes, empezamos a juntarnos un grupo de matrimonios de los compañeros de trabajo de tu abuelito. Y fue María Luisa la que me dijo:

– Tenga mucho cuidado con quién se junte. Aquí las cosas no son como en los lugares grandes, donde las cosas se pierden. Aquí es una población muy chica, dijo, aquí las cosas trascienden. Le sugeriría que se fijara un poquito más en sus amistades.

Y fue como poco a poco fuimos dejando aquél grupito de amigos para dedicarnos a los Barajas, a los "Tíos" y a Raúl y Cristina, nuestros compadres que conocíamos desde Monterrey.

Dondequiera que hemos vivido, hemos tenido la bendición de tener amigos. Auténticos amigos. Éramos ferrocarrileros, pero de la categoría del Pullman.

Vivíamos en una calle donde vivían puros maquinistas, conductores y la gente con puestos altos del tren. Aguascalientes era el centro ferrocarrilero de la República. Había talleres enormes para reparar las máquinas de diesel, ya no eran tantas de vapor.

Nos tocó vivir el Vallejazo famoso en Aguascalientes. Demetrio Vallejo llevó a todos los ferrocarrileros a la huelga. Se paró todo el movimiento: talleres, oficinas, trenes, todo. Las repercusiones del Vallejazo se sintieron y paralizaron a todo el país. Tu abuelito para entonces ya no dependía del sindicato, sino de la Gerencia. Al llegar a Aguascalientes le dieron puesto como empleado de confianza.

La Gerencia decidió que se tenían que seguir moviendo los trenes a como diera lugar con puro personal de confianza. Entre ellos maquinistas y conductores jubilados y pensionados.

Vivíamos en un barrio, como te digo, de ferrocarrileros y yo era la esposa del inspector de auditores. Diario me ponía muy mona para ir al mercado. Mi canasta por un lado con flores y todo. Era una placita donde vendían todo en el suelo o en puestecitos de madera. Llegué al puesto a comprar pan y escuché que estaban platicando dos ferrocarrileras de las de abajo. Esposas de peones de viaje:

– Sí, que van a mover el tren te digo. Pero van a tener el gusto nada más de sacarlo de la estación porque ahí nomás afuerita de la ciudad, van a dinamitar el puente para echar el tren 'pa bajo – le dijo una de las fulanas a la otra.

Hija de mi vida, sentí el corazón que se me fue hasta los pies. No había comprado más que el pan y unos aguacates. Me regresé volada a la casa. Tenía yo una muchachita que me ayudaba, muy chistosita ella pero de toda mi confianza. Me acuerdo que llegué aventando las chanclas y con la canasta del pan en un brazo. Y le dije:

– ¡Abre los panes y lava los aguacates!

Era del aguacate criollo, que le dicen, la cascarita es deliciosa. Te lo comes con todo y cáscara con sal y a mordidas. Así que le dije:

– Abre el pan, lava los aguacates y retácame los bolillos con queso y aguacate. Y ya que acabes enrédamelos en una servilleta.

– Pos ¿qué va ser señora? – me preguntó la muchacha.

– Me voy con mi marido al tren porque lo van a dinamitar – le dije con un tono muy resuelto.

Me acuerdo que hasta tacones me puse. Y me llevé la bolsa de los lonches. Era una estación vieja, muy bonita, de cuando todavía la estación era de los norteamericanos. Antes de entrar había un jardín que formaba parte de los mismos terrenos del ferrocarril. Estaba todo rodeado de soldados que protegían a los trenes para que no fueran a cometer actos de sabotaje los del sindicato. Los soldados en cuanto me vieron venir, me cerraron el paso con las carabinas.

– ¿A dónde va? – me preguntaron.

– Vengo…– empecé a titubear pero enseguida recupere la compostura – Soy la esposa de una de las personas que va mover el tren, del inspector de auditores. Vengo a traerle el lonche. – le dije muy segura de mí misma.

Eran mentiras, yo me iba a ir con él.

– Pase – me dijo uno de los soldados.

El tren estaba ya por arrancar, pero tu abuelito seguía abajo. Dice que vio una persona que venía aprisa con los tacones y la bolsita. Y dijo, "¿ésa?" "ésa es mi mujer". Se acercó hacia donde yo venía y me preguntó espantado:

– Y tú, ¿qué andas haciendo?

– Ahhhhhhh, le dije temblando de los nervios, pues fíjate andaban diciendo en la plaza que van a dinamitar el tren.

– No te creas. Son rumores. Eso no es verdad. Todo está vigilado.

– Pero yo me voy contigo.

– ¿Qué, qué! – Me dijo – y ahí ¿qué traes? – me preguntó volteando a ver la bolsa de los lonches.

– Pos el lonche – le dije.

Muy bien, pues écheme el lonche y váyase a su casa – me ordenó.

Y hasta ahí llegó el corrido, como luego dicen. No me pude ir, pero al fin no pasó nada. La huelga se ganó. La ganó Vallejo. Pero ahí te va otra. Cuando ganaron el pleito, los sindicalizados andaban detrás de todos los empleados de confianza que se habían prestado para mover los trenes cuando la huelga. Entre ellos, el superintendente, que era la palabra máxima del ferrocarril a nivel local. Además fueron y sacaron de sus casas a conductores y maquinistas y a todos los que alcanzaron a agarrar. Providencialmente tu abuelito andaba de viaje, lo buscaron pero no lo encontraron. Se los llevaron al sindicato y los desnudaron. Les quitaron hasta los zapatos, los dejaron en puros calzoncillos y los embarraron de chapopote y plumas de gallina. Los llevaron así, en semejante estado, a exhibirlos por el centro de Aguascalientes. Para que todos pudieran presenciar lo que le pasaba a un esquirol, o sea al que se atreve a trabajar durante una huelga. Al señor superintendente le costó la vida. Se murió de un infarto de la vergüenza, de la humillación que le hicieron. Tu abuelito se escapó de puro milagro.

De nuestra estadía en Aguascalientes no podía quedar fuera la famosísima y ahora nacional Feria de San Marcos. Era una feria donde se celebraba al Santo Patrono. El templo estaba exactamente enfrente del jardín de San Marcos, un lugar bellísimo con toques antiguos donde toda la vegetación estaba pintada de verde esmeralda con chispas de madreselva en flor.

La feria empezaba desde el día primero de abril y duraba casi todo el mes. Cada ocho días había un concurso del rebozo en el jardín. Las muchachas más bonitas de Aguascalientes que andaban de moda, por decirte así, entre los muchachos, daban vueltas en un sentido del jardín y los muchachos en sentido contrario. Se trataba de ir muy temprano, con la mañana fresca de abril a dar vueltas al jardín. Uno de mayor se sentaba en las bancas a disfrutar aquel desfile. Los muchachos les regalaban flores y las muchachas tenían que portar un rebozo y según el porte con que lo llevaban y lo bonito del rebozo se llevaban un premio que se daba a conocer el último domingo de la feria. Tengo el honor de platicarte que mi rebozo se llevó un primer lugar. No lucido por mí, pero yo le presté el rebozo a una muchacha. ¿Te acuerdas que te dije que la casa donde vivíamos era de dos plantas? Bueno, en la casa de abajo vivía la familia Lara. La muchachita era güera, muy bonita, con ojos increíblemente verdes y bellos. El rebozo además tenía el mérito de haber sido tejido por mi mamá. Era una obra de arte. Un encaje tejido a mano. Cuando la muchacha se lo puso el último domingo, se vistió con un vestido negro. El contraste del rebozo con el vestido, con su porte y su belleza hicieron que se llevara el primer lugar.

El desfile de los rebozos acababa como a las diez de la mañana, de ahí te ibas a desayunar a algún lado. Luego a tu casa a arreglarte. Te ponías guapísima.

Yo vendía calzado desde la casa. Hice lodo vendiendo calzado para las fiestas de abril. Había días que no me dejaban ni comer. A mí poca gente me conocía por Nelly, todo mundo me conocía por la señora de los zapatos.

– ¿Dónde compraste tus zapatos? – preguntaba la gente.

– Con la señora de los zapatos de la calle de Constitución.

Me surtía de calzado en Guadalajara y daba vueltas y vueltas para allá para surtir mis pedidos.

– Señora, ¿tal modelo? – me pedían.

– No, pos se me terminó – les decía.

– Le encargo uno de tal número, ¿cuándo me lo trae?

– Pos voy dentro de tantos días y estoy aquí tal día – les prometía.

El día que regresaba de Guadalajara con los pedidos no comía. La hora de las salidas de las señoras era a medio día. Era un tocar la puerta porque querían ver los zapatos. Con decirte que hasta la esposa del gobernador me compraba calzado. Mandaba a mis hijos a sus recámaras y tendía un tapete rojo muy bonito en el suelo para poderles mostrar el calzado de forma que luciera más. Yo, feliz de poder tener esa entrada. Porque de ahí sacaba yo mis zapatos, mis estrenos y lo que a mí se me ofrecía. Además ahorraba porque siempre tuvimos el hábito del ahorro.

A nosotros nos gustaba mucho ir a misa de doce a la catedral. Saliendo de la catedral, como a seis cuadras, estaba el jardín de San Marcos. Enfrente del jardín estaba el templo. Y por un lado ponían los juegos mecánicos y del otro, los puestos de comida a ras del suelo y luego, más en alto, los tapancos. La inmensa mayoría de los dueños de los puestos de comida eran jotos. Pero qué manera de cocinar. ¡Qué mole! ¡Qué enchiladas! ¡Qué todo! Nos regresábamos a los puestos que les llamaban tapancos para tomarnos una cerveza. Hacía tanto calor que se antojaba una cerveza. Ya que hacíamos un poquito de hambre, nos bajábamos a comer con los jotos. Delicioso. Y para qué te cuento, hija, la forma en que nos atendían. Tu abuelito era guapísimo, así es que olvídate. El que nos servía todo mono y meneado porque le estaba coqueteando a tu abuelito. Por supuesto tu abuelito ni volteaba a verlo, pero el mesero se sentía todo soñado. A mí me causaba mucha gracia el coqueteo.

Ya que comías, la inmensa mayoría de la gente se iba a la Plaza de Toros que entonces estaba a dos cuadras del jardín. Nosotros si fuimos a los Toros dos veces se me hace mucho, porque era caro. De allí de los Toros la gente iba de vuelta otra vez al jardín a tomar un refresco o lo que tú quieras y gustes. Porque en la nochecita empezaba a funcionar lo que le nombraban la "jugada". Era una finca que le nombraban la Finca de la Primavera. Había sido una casona en contra esquina del templo del lado de donde estaban los puestos de la cerveza. Y la acondicionaron para que ahí fuera el juego de azar: ruleta, dados, barajas, y el palenque de los gallos.

Cuando estaba tu abuelito yo me aseguraba de estar siempre listísima para poder ir a la finca con él. A mis hijos los dejaba merendados, dormidos y acostados. Cerrábamos nuestra puerta y nos íbamos. No teníamos carro, pero había servicio de camiones ininterrumpidamente toda la noche. Nos bajamos en el jardín y aquello de noche era un paseo, una romería preciosa. Cuando mucho dábamos uno o dos vueltas en el jardín o nos tomábamos una nieve, de la famosísima nieve del As. Luego nos íbamos caminando hasta la Finca de la Primavera.

Nos metíamos a la jugada, pero como diario a nosotros nos tiraba lo grande, nos gustaba meternos a la ruleta de mayor categoría. Adonde iban a jugar los panaderos, los toreros de las corridas, los artistas de cine, televisión y teatro que iban a actuar en los cabarets de la feria. Adonde iban las señoronas luciendo sus brillantes y su joyas con destello y los señorones fumaban puros importados.

Era un salón extendido, la ruleta estaba al fondo, muy a la vista, en una mesa larga. En una de las cabeceras estaba lo que le nombraban el crupier, la persona que se encargaba de venderte las fichas.

Nosotros llegábamos directo a la ruleta, donde se jugaba con fichas cuadradas de nácar que valían 100 pesos cada una. Nosotros llegábamos con veinte pesos y comprábamos veinte fichas de a peso. Pero mira, Dios me ha dado gracia a mí en donde quiera que me he parado. En cuanto se desocupaba la silla por un lado del crupier, me sentaba yo con tu abuelito atrás de mí. Como te digo, era la mesa fuerte, la ruleta grande. Ahí se jugaban los capitales enteros. El crupier era muy agradable y seguramente yo también toda mona. Lo primero que hacía era decirme:

– Señora, ¿qué toma?

Ahí se les ofrecía bebida a todo el que quisiera por cuenta de la casa. Había tres ruletas además de ésa. Una de la clase media bien, otra para los rancheros y luego la de los pobretones, pero nosotros en ésas no nos parábamos. Nosotros nos íbamos a la grande.

– Un refresco, le decía yo al crupier.

Yo no tomaba nunca jamás. A tu abuelito le regalaban un highball y empezábamos a jugar. El tapete de la jugada que está sobre la mesa está distribuido de tal manera que son cuadros. En cada cuadro hay un número. Y dependiendo en qué parte del cuadro colocabas tú tu ficha eran las posibilidades que tenías de ganar. De tal suerte que si ponías tus fichas donde convergían cuatro cuadros y salía premiado uno de los cuatro números, tenías premio. Pero a la cuarta parte. Si ya después empezabas a ganar y te animabas, ponías tu ficha a la mitad y si ganaba el número, tenías la mitad del premio de la ganancia. Y ya cuando estabas ganando en serio le podías jugar en "seco", que le nombraban, o sea ponías tu ficha encima de un sólo número. Allí, ni hablar, era mucho lo que ganabas.

Total, pos no ganábamos una. No veíamos una. Diez fichas tu abuelito, diez fichas yo y no veíamos una. Pero el crupier nos veía y luego muy disimuladamente me deslizaba una ficha y la dejaba ir y con los ojos me decía "siga jugando". Empezaba a ganar y ya de allí le compartía a tu abuelito las fichas.

Cuando nos iba bien de ahí, nos salíamos a cenar con los jotos. Salíamos como a la 1:30 de la mañana. No sentías el tiempo. Además era una emoción y una cosa que aunque no ganaras era precioso. Como te digo, las señoronas con los anillos y con los brillantes, los toreros y los artistas guapísimos. Era todo un espectáculo estar ahí.

Si iba alguna pareja con nosotros, como nuestros compadres Ramón y María Luisa Barajasnos, metíamos un ratito a Los Globos que era un lugar al aire libre, cercado donde bailabas. Aquella vez estaba de variedad Esmeralda, no sé si la hayas oído nombrar. Fue famosísima en su tiempo. Cantaba cuplé y cosas de principios de siglo. Cantaba aquella que decía:

> Pompas ricas en colores
> De matices seductores
> Del amor las pompas son

Y luego la otra ¿cómo iba? mi mamá la cantaba mucho…. Ah, sí:

> Ay Ay Ay Ay, mi querido capitán
> Ay, Ay, Ay Ay, mi querido capitán

Era una picardía muy fina. Lo dejaba todo a tu imaginación y la cantante era toda coqueta. Eso cuando ganábamos, cuando no, apartábamos los cincuenta centavos del camión y nos regresábamos a nuestra casa. Pero no sin antes cenar, porque salías con un hambre que parecían dos. Pero sin ni un centavo. Afuerita de la Finca de la Primavera, sin que tuviera nada que ver con los puestos de los jotos, había un matrimonio, tenía un puestecito de taquitos. ¡Qué tacos! Y cuando salíamos con poco dinero, ahí cenábamos. Creo que nos daban tres tacos por un peso. Llegaba yo con la señora, yo con cara de perrito triste. Me veía y me decía:

– Perdieron ¿verdad, señora?

– Ay, sí señora, y traemos un hambre.

– No tenga pendiente. Mañana me pagan. ¿De qué le pongo?

Cenábamos delicioso y al día siguiente antes de entrar a la Finca llegábamos a pagar. Así fue esa época. Yo debo de haber tenido a lo sumo 33 años. Había algo para todos. En la mañana era el concurso del rebozo de las niñas bien. En las tardes eran las vueltas de las muchachitas de clase humilde o sirvientitas y de los muchachos también así. Pero a medio día después de comer y a la hora de salir de misa, estaba la crema y nata de Aguascalientes comiendo con los jotos.

Estaban muy marcadas las clases. Yo me colaba adonde quiera porque como no me veían corriente, en todas partes me aceptaban. Me conocía medio Aguascalientes:

– ¡Señora! – me gritaban.

– Adiós, señora – me decían al pasar.

Eran tiempos muy felices en mi vida. En mi matrimonio todo ha sido más felicidad que otra cosa. Tiene sus ratos amargos, porque los ha habido, pero siempre he sido feliz.

Esa era la famosísima Feria de San Marcos, que elevaron a Feria Nacional. Y luego el famosísimo palenque de los gallos. La jugada de las peleas de gallos. Como dice la canción que pinta la feria de cuerpo entero y dice:

A la Feria de San Marcos
del merito Aguascalientes,
van llegando los valientes
con su gallo copetón;
y lo traen bajo del brazo
al solar de la partida
pa' jugarse hasta la vida
con la fe en un espolón.
¡Ay, fiesta bonita!,
hasta el alma grita
con todas sus fuerzas:
¡Viva Aguascalientes
que su feria es un primor!

Era todo un espectáculo. Un redondel chiquito, pero con toda la gradería de madera alrededor. Andaban ahí rondando los que tomaban las apuestas y gritaban:

– ¡Tanto para el giro! y ¡tanto para el colorado!

Y luego los albures que le gritaba el público al que traía las cartas:

– ¡Tanto al número tanto!

Yo llegué a perder en aquél entonces en una noche 100 pesos en los gallos, dinero que yo me ganaba de los zapatos, pero de todas maneras juré no volver a jugar. Era pura pérdida. Todavía en la ruleta la disfrutabas más, pero allí te los bajaban a la voz de ya.

Estaba todo organizado. Mientras le estaban amarrando las navajas a los gallos en el espolón, por el otro lado le estaban haciendo la propaganda a la jugada.

– ¡El gallo giro del señor fulano de tal! ¡de Tepatitlán, Jalisco! – gritaban.

– ¡El gallo colorado... de no sé qué peso, de Lagos de Moreno!, decía el otro.

Y cuando estaban listos para empezar decía el gritón:

– Ciéeeeeeeerren la puerta. Señores, la pelea va a empezar.

Una vez empezando, ya para soltar los gallos, no podía entrar ni salir nadie y al unísono picaban a los gallos. Los galleros los picaban agarrados, los ponían para que se enojaran y después se retiraban a la orilla del redondel y aventaban a los gallos al centro. Había ocasiones, que caía el contrincante al primer espolonazo. Le atizaban tan bien la navaja, aquellas navajitas curvas filosísimas puntiagudas, que ahí quedaba el gallo a la primera y empezaban a gritar:

– ¡Ganooooó el giroooooo!

– ¡Ganooooó el colorado!

Luego a media pelea de gallos había lo que les decían las cantadoras para amenizar. Iban Lucha Villa, Antonio Aguilar, grandes artistas. Yo todavía veo eso en las películas de la época y cómo me emociono.

10.

Padre bendito, Tú conoces más que ellos

Así las cosas, a mi compadre Ramón Barajas lo hacen subjefe del Departamento de Auditores en México porque ahí estaba la Gerencia. Por consecuencia, se van a vivir él y su familia a la capital. Tenían 11 hijos.

Antes de irse a México le dijo a tu abuelito:

– Compadre, me voy a México. Me voy a la Gerencia ¿se quiere quedar en mi lugar?

Eso significaba que tu abuelito ya no iba a ser Auditor, sino Jefe de Auditores en Aguascalientes. Fue una auténtica bendición.

¡Ay, hija!, pero habías de ver a tu papá en aquella época. Era insoportable. Y no porque fuera malo, malhablado o maleducando, sino que era sumamente inquieto. Tenía una maestra mayor, prieta, gorda y fea. Se apellidaba Luna y los papás tuvieron el feliz acierto de ponerle Zoila Blanca. Zoila Blanca Luna. Él le decía Zoila Vaca del Corral. A cada rato me mandaba recados la maestra pero tu papá no me los daba. Yo le preguntaba

– Oye, hijo, y ¿cómo te va en la escuela

– Bien, mamá – me contestaba a secas

– ¿Pones atención? – le preguntaba.

– Sí, la señorita me tiene sentado a mero adelante - me decía muy orgulloso.

– Ay, qué bueno – y yo con eso me quedaba tranquila.

Yo sabía que de tonto no tenía ni un pelo y me daba gusto que estuviera atento a las clases y que lo sentaran a mero adelante para que pudiera prestar más atención. Hasta que un día la señorita Zoila me hizo llegar un recado con un compañerito de la escuela, hijo de un maquinista. El recado decía que le urgía que me presentara al día siguiente en la tarde. Que era muy urgente.

Me presenté puntualmente al día siguiente en la dirección del colegio. El motivo de la cita era para decirme que tu papá era que no se soportaba. No se conformaba con atender, ni con poner atención en la clase. Distraía a todos los compañeros y que se le iba el día en estar en travesura tras travesura.

– No, señora – me dijo la maestra - es que a este niño lo tengo que expulsar. Me mete el desorden en todo el salón.

– Ay no, señorita, por lo que más quiera señorita Zoila. No lo haga. Yo le prometo que voy a poner todo mi interés – le dije – Ya sé. Siéntelo cerca de usted, donde usted lo esté viendo.

– ¡Pero si nada más falta que me lo siente en el copete! – contestó enojada agitando las manos en el aire como quien está a punto de perder la razón.

Lo expulsaron en pleno ciclo escolar. No lo aceptaban en ninguna escuela en Aguascalientes. Como decía mi comadre, aquí no era como en las ciudades grandes donde las cosas se pierden. Aquí las cosas trascienden.

Lo tuvimos que mandar a Guadalajara a vivir con mi cuñada Carmela. Ya en esas fechas sólo vivían ella y mi suegro en la casa. Tu papá siempre le tuvo un cariño muy especial a su tía Carmela, como le decía él. Ella lo chiqueaba como no te imaginas. De chiquito tu papá se sentaba en sus piernas y le pellizcaba todos los brazos.

Para que te acuerdes de mí - le decía con su sonrisa pícara.

Y ella nomás se dejaba. Era buena, muy buena. Así que tu papá ingresó a clases en Guadalajara y vivió con ellos medio año en su casa, cerca de la Plazuela de las Nueve Esquinas.

Al cumplir cinco años exactos en Aguascalientes, decidimos regresarnos a vivir a Guadalajara. Tu abuelito alcanzaba planta en su trabajo como Jefe de Auditores. Tenía su sede en Colima, rumbo a la costa, pero nos quedaba lo suficiente cerca como para regresarnos a vivir a Guadalajara.

Cuando nos fuimos a vivir a Aguascalientes, dejamos rentada la casa de la 56 que habíamos comprado. Mi cuñada Carmela la administraba, así que cuando nos regresamos de nueva cuenta llegamos a nuestra casa. Llegué a pintarla con la ayuda de mis hijos. Qué esperanzas que se pagara por eso. Había una pintura ya preparada con cal que se llamaba Maya. La vinílica ni se conocía y aunque hubiera habido no se hubiera podido comprar. En Monterrey yo preparaba mi pintura con cal viva. Le echaba agua y la hervía con jabón rayado, para que corriera la brocha, y le ponía un buen puño de sal gruesa para que agarrara la pintura. Mis casas siempre estuvieron diario inmaculadas.

La vida fue pasando, mis hijos eran muy buenos estudiantes. Tu papá destrampado, pero muy buen muchacho. Tu tío no se diga, ése jamás me dio un dolor de cabeza, jamás reprobó, jamás nada. La casa de la 56 quedaba a ocho cuadras de la calzada Olímpica donde estaba el Instituto Tecnológico. Tu tío hizo ahí la preparatoria y tu papá estaba en la secundaria. Tu tía salió de su primaria y entró a la secundaria. Andaba en 12 años. Chiqueadísima. Por tu abuelito, pero también por mí. Era la hija de sus ojos. Era tanto lo que la cuidaban y la querían sus hermanos que le hablaban de usted. No le hablaron de tú, hasta después de casada.

Yo tenía una hermana, que era un cascabel alegre y bueno. Nos llevábamos de maravilla. Murió de cáncer a los 21 años. Cáncer de los ganglios. Estaba invadida. En aquel entonces no había todos los recursos que hay ahora para detectarlo y curarlo. Ya te podrás imaginar el impacto que hizo en mí su suerte.

Pasado un año y un día, me detecté una bolita. "Ah, caray", pensé. Para entonces ya teníamos el Hospital del Ferrocarril del Pacífico en Guadalajara y me dejé ir con el doctor. Me examinó y me dijo:

– Sí, efectivamente, es un ganglio inflamado. Lo que tenemos que hacer es extirparlo para poder hacer la biopsia.

Pasaron algunos días y cuando llegaron los resultados de la biopsia me mandó llamar el doctor:

– Señora, estése tranquila porque no salió nada. No está positivo ni negativo, simplemente no hay nada – me dijo el doctor.

Pasa el tiempo y la misma cosa. Estaba parada enfrente de la estufa cocinando cuando pasé accidentalmente la mano por mi cuello y en la pura clavícula sentí una bolita. Has de cuenta un huevito de paloma. Me fui volada al doctor y me dijo:

Inmediatamente a la biopsia. La operamos y analizamos los resultados de la biopsia – me dijo el doctor confirmando mis sospechas.

Como cosa hecha adrede y como diario tu abuelito nunca estaba, fui sola al hospital para que me dieran los resultados de la biopsia. Me tocó mi turno y pasé a ver al doctor:

– Doctor, buenas tardes, vengo a ver los resultados de mi biopsia – le dije nerviosa.

– Sí, estoy aquí con su expediente – dice – y tengo que notificarle – dice – que la biopsia salió positiva.

Estaba sentada y te juro que literalmente sentí que la tierra se abrió y me hundí. Cuál sería la expresión de mi cara que me dijo el doctor.

– Pero no se preocupe tanto, la vamos a tratar. Vamos a empezar un tratamiento de Rayos X.

No había quimioterapia, no había nada de nada. Entonces ahí tienes que fíjate cómo son las cosas, el día que me interné para hacerme la segunda operación de la biopsia, yo esperaba mi regla. No me bajó. Yo pensé ese día que era a causa de los nervios y la tensión de la intervención. Esperé a que me bajara la regla y nunca bajó. A los ocho días que voy a saber el resultado de la biopsia, le dije al doctor porque me preocupaba que me fueran a radiar.

– Pero fíjese nada más doctor, que hay esto. El día que yo me interné esperaba mi regla y mi regla no bajo ese día, ni ha bajado.

Entonces fue él que parecía estar asustado, me dijo:

– ¡Cómo? – me preguntó consternado

– Sí, doctor – le dije.

– Ah, caray. Eso si que está malo. Espéreme un momento – me dijo mientras se levantó de su escritorio.

Los pacientes entraban al consultorio por una puerta que daba hacia la sala de espera pero atrás del escritorio de los médicos había otra puerta que hasta la fecha da a un corredor. Por ahí se manejaban los médicos. Junto al consultorio del cancerólogo, estaba el consultorio del ginecobstetra.

En eso entra el ginecólogo y me examina. Me hizo algunas preguntas. Hablaron largo rato los dos médicos. Se va el ginecólogo y me dice el oncólogo:

– Pues señora, eso sí que está mal, porque entonces su tumor es de dependencia hormonal – dice – y lo que va a pasar es que si ese embarazo se queda, va a terminar invadida de cáncer.

Ya sabrás como salí del hospital. Me regresé a la casa en camión. Esperé a que llegara tu abuelito y le dije todo. Desde el embarazo hasta el cáncer. A mis hijos no les dije nada. Era cosa entre tu abuelito y yo.

Como al mes me mandaron hablar del hospital para internarme. De un día para el otro. Ya habían estudiado mi caso y habían decidido qué hacer. En aquel entonces el hospital estaba dirigido por las monjas Vicentinas. Una orden preciosa de la Santísima Virgen de la Medalla Milagrosa de París.

Llegaron todos: el oncólogo, el ginecólogo, el obstetra, el cirujano, y el doctor que me iba a radiar. Eran como ocho médicos y las dos madres superioras. Todos alrededor de mi cama.

Sentía que el mundo se me venía encima. Tu tío empezando a salir de la adolescencia, porque iba a cumplir 20 años. Tu papá en plena adolescencia y tu tía empezando la pubertad. Rodeados alrededor de mi cama empezaron todos a deliberar. Después de un buen rato de que uno opinaba una cosa y otro opinaba otra, el cirujano y jefe del hospital, el Dr. Chávez dijo en voz alta a punto de perder la paciencia:

– El legrado. No hay más remedio que el legrado. El aborto.

Silencio absoluto. La superiora que era una española, blanca, chulísima se puso roja como un betabel. Respiró profundo, guardó su cordura y dijo:

– Señores, yo nada más les voy a decir una cosa. Si ustedes deciden hacerle el legrado se llevan a la señora de aquí, porque aquí no se hace ningún legrado.

Después de eso yo ya no me di cuenta de nada. En ese momento estaba ida. Estaba en contacto derechito, pero así derechito con Nuestro Señor. Le estaba diciendo: *Padre bendito, Tú conoces más que ellos. Tú sabes más que ellos. Tú puedes saber ya desde ahorita qué va ser de mí y de esto que traigo en mi vientre. Padre, haz que ellos tomen una decisión indicada.*

En eso oigo que el Dr. Chávez, el jefe del hospital, les dice a todos lo demás.

– Señores – les dice – un momento. Estamos perdiendo de vista un punto muy importante: la opinión de la señora.

Entonces el oncólogo, que era un alzado y creído porque era el non-plus-ultra de los oncólogos en Guadalajara, me dice:

– Pues ya oyó usted señora. Que si ese producto se queda ni usted ni el producto llegan a término y va acabar invadida de cáncer. ¿Acepta o no el legrado?

En ese momento yo no pensé en tu tía, en tu abuelito, en tu tío, en tu papá. No pensé en nada. ¿Quién puso esas dos palabras en m boca?: el Señor, porque única y exclusivamente contesté:

– No, punto.

Ni pedí explicaciones. Nada. Simplemente dije no.

– No hay más que hablar – dijo el Dr. Chávez, el jefe del hospital.

A lo que contestó el oncólogo:

– Bueno. Total. Para qué nos preocupamos. Este producto se sale solo.

Al mes y días de embarazada me empezaron a radiar. En total fueron 33 radiaciones. Me cubrían el vientre con un delantal de plomo. Era un calvario. Las radiaciones son horribles. Aparte del estado anímico en que yo me encontraba. Tu abuelito estaba en Colima, tu tío en la facultad, tu papá en la prepa y por suerte el colegio de tu tía lo teníamos a una cuadra de la casa.

En las mañanas me tomaba un jugo de lima, por indicaciones del doctor: por el potasio. Las radiaciones acaban con el potasio. No podía desayunar. Me iba al hospital sola. Caminaba tres cuadras a la parada del camión. Llegaba al hospital, me radiaban y ya después empezaba lo que le llamaba mi viacrucis: del hospital a la parada de camión hay muchos árboles. Hasta la fecha esa calle está casi igual. Yo ya tenía hasta mi árbol. Hasta donde yo podía llegar. Me recargaba en el árbol a vomitar como una vil borracha. La gente que llegó a verme decía "Y ¿esa mujer?" De ahí tomaba mi camión y llegaba a la casa a acostarme un rato y luego a seguir con las obligaciones de la casa. No había de otra.

Como si la pena física no fuera suficiente, yo además cargaba con la pena moral del embarazo. Tu tío se venía de la facultad a desayunar a la casa porque le tomaba muy cerquita. Me acuerdo que había llegado tu abuelito también esa mañana. Estaba desayunando tu abuelito y empecé a servirle a tu tío cuando corrí de volada a un cuartito que teníamos al fondo de patio al baño. Los tres primeros meses de todos mis embarazos fueron de mucho volver el estómago. Cuando regresé me dice tu tío:

– Bueno mamá – me dice– ¿Qué tienes?

Fíjate él ya andaba en veinte años, tenía diecinueve, todo un hombre, de novia y todo. Dice:

– Mamá, ¿qué tienes? De tiempo acá te veo tan desmejorada, dijo, aparte de lo propio de las radiaciones te veo tan desmejorada. Te vomitas a todas horas. ¿Qué tienes?

Me acuerdo que nomás agaché la cabeza y le dije:

– Ay, hijo.

Y en eso me dice tu abuelito:

– Mira, me dice, dile la verdad. Él está en edad de comprender.

Me acuerdo que ni levanté los ojos, tan sólo le dije:

– Hijo, estoy embarazada.

– ¡Ay, madre! – me dice– con las ganas que yo tengo de un hermanito.

Ya de ahí supo tu papá y lo supo tu tía. Tu tía con los puros ojos me decía todo lo que me odiaba. Pero tu papá y tu tío se desbarataban en cariño y atenciones. La casa de la 56 era de dos pisos. Me veían que iba a subir las escaleras:

– ¿A dónde vas! – me gritaban

– Pos que a traer...

– Espérate. ¿Dónde está? Yo te lo bajo – me decían mis hijos.

Si veían que se me caía algo volaban y me lo recogían. Tu tía en cambio veía que se me caía algo y se volteaba para el otro lado. No me hablaba. Era un desprecio y un odio total y absoluto. Ella no concebía que llegara alguien a quitarle su lugar.

De un de repente le dio por ir todos los días al Rosario. Ya en la tarde, tardeando. Teníamos una Iglesia, el Mater Nostro, de donde fue monaguillo tu papá. Se iban ella y una amiga, la Chata, al Rosario todos los días. Un día salí de la casa y vi que se iban las dos y nos quedamos la mamá de la Chata y yo platicando, y le comenté:

– Mire, pobrecita de mi hija, le digo, todos los días está yendo al rosario yo creo que a pedirle a la Virgen que todo salga bien.

– Ja. A qué usted, tan ingenua – me contestó burlándose la señora - ¡Va a pedirle a que lo que trae allí no sea cierto! Que se salga. A eso va a pedirle.

Me sentí tan horrible. Y así pasó no sé cuánto tiempo. Un día ella estaba en su recámara y no me acuerdo qué fue lo que me contestó. Le he metido un cachetón, hija, que no sé por qué no le tumbé los dientes. Le dije:

– Mira, esto que traigo aquí, le dije, no me lo conseguí. Es de tu papá y te guste o no te guste, lo aceptes o no lo aceptes, lo voy a tener. Contra toda tu voluntad esta criatura va a llegar. Así es que ya quítate de la cabeza el hecho de que esta criatura no vaya a nacer.

Santo remedio. Le di una apaciguada que para qué te cuento. Ya nada más decía "bueno, pos ya ni modo, me conformo con que no sea vieja".

El día que nació su hermanita, tu tía no quiso estar conmigo en el sanatorio. Y cuando le dieron la noticia que había sido niña le dio calentura del choque nervioso.

Me acuerdo que en la sala de parto yo me bebía las lágrimas. Las monjas se portaron divinamente conmigo. La madre superiora estaba a mi lado. Llevaba su crucifijo y estaba orando. Con cada dolor me agarraba mi mano y me ponía el crucifijo. Yo le empezaba a platicar:

Madre, es que tengo esta pena.

Y ella empezó a orar por mí para que se le quitara a mi hija ese rencor. Todos mis partos habían sido en mis cinco sentidos pero en éste, el bebé no podía nacer. Coronaba y coronaba pero ahí se quedaba. Entonces me dijo el ginecobstetra:

– Señora, por el bien suyo y el de esa criatura que ya está sufriendo, déjese dormir – me suplicaba.

Me durmieron. Pero cómo estarían los dolores que los doctores decían que hasta dormida me seguía quejando. Tuvieron que meter la mano para desatorar a la niña. Traía nueve circulares del cordón umbilical alrededor del cuello. Eso era lo que la estaba deteniendo y no la dejaba salir. Me salvé de puro milagro porque en uno de esos pujidos podría haberse desprendido la placenta por el jalón del cordón umbilical.

Al día siguiente, llega la madre y me dice:

– Señora Nelly, señora Nelly. Ya despierte. Ya está aquí su niña y está completita.

Porque estaba el augurio del oncólogo que el producto podía llegar incompleto por las radiaciones.

Cuando la vi, fue un gran gozo. Queríamos niña. En eso entra tu abuelito y le dice la madre:

– Mire papá, mire todos sus deditos completos. Mire sus manitas. Mire sus orejitas. Mire papá, no le falta nada – le decía orgullosamente.

Al día siguiente fue la madre superiora en persona a regalarme una medalla de La Milagrosa.

– Para que se lo ponga en la camisetita a la niña – me dijo la madre superiora.

– Madre, ya vio, la niña está completa. Dios nos hizo ese milagro – le dije.

– Sí, señora – me dijo – pero sabe que no podemos dejar de pedirle a Dios por esa niña. Ahora vamos a ver mentalmente cómo reacciona.

La agonía se alargaba. Fue pasando el tiempo y yo veía a la niña de lo más normal. Ella dormía en la cuna que había sido de tu tía. La había conservado. Hacía mucho ruido. Tenía unos resortes que permitían que la cuna se balanceara pero hacían ruido. En cuanto oía el chirrinquinquín de la cuna apagaba la estufa o dejaba lo que estaba haciendo y me subía a ver cómo estaba.

A todos mis hijos les di chupón. Amarraba el taponcito del chupón con un listoncito para que no se desprendieran. Cuando llegué a la recámara lo primero que vi fue a la niña en la cuna con el chupón prendido del listón en una mano y el taponcito en la otra. Estaba tratando de meter el taponcito en el chupón. Salí despacito. Tu tío estaba trabajando en el restirador en su pieza y le dije:

– Ven, hijito, ven a ver lo que está haciendo tu hermanita.

Entra tu tío y en cuanto la vio me dijo:

– Olvídate mamá, esta niña está totalmente normal.

Tu tía duró tiempo en asimilar a la hermanita, pero seguí los consejos que me había dado la madre superiora:

– Poco a poco váyasela soltando, si es posible, póngale su cuna en su recámara, que ella la bañe, que ella le de el biberón, que ella la cambie.

Así lo hice y ya después la hermanita era la adoración. Tu tía tenía trece años y estaba en edad de salir con los muchachitos y las muchachitas de la cuadra, pero a las siete en punto ella decía:

– Ya me voy porque le toca el baño a mi hermanita.

Se encargó ella al grado que al año nos fuimos tu abuelito y yo a Acapulco y le dejé a la niña. Había una señora que nos ayudaba y que guisaba pero ella se quedó al cuidado de la niña. Hasta la fecha son hermanas entrañables. Se aman lo que no te imaginas.

Ésta fue una etapa muy triste de nuestras vidas en muchos sentidos, pero he tenido una recompensa hermosísima porque esa niña era y es nuestro sol. Cuando llegaba tu papá de la escuela. Aventaba los libros sobre la mesa del comedor, llegaba derechito a lavarse las manos y llegaba con la niña. No le importaba si estaba dormida. La agarraba, la abrazaba y se la comía a besos. Yo le decía:

– Ay, hijito, la niña está dormida.

– Ay, mamá, no le hace – me contestaba.

Se acostaba con ella por un lado y me decía:

– Mamá es que esta niña es como si hubiera entrado un rayo de sol en esta casa. Es la alegría de esta casa mamá.

Yo vivía fatigada. La casa era de dos pisos y todo el día era un subir y bajar por la riaca, riaca de la cuna, que se mecía y era indicio de que la niña había despertado. Apagaba las ollas y súbele. Si era hora del biberón ya lo tenía listo para sólo llegar, dárselo, esperar que repitiera y bajar de nuevo porque había que seguir con los menesteres de la casa.

Junto a la casa había un local. Era un cuartote que en vez de puerta y ventnas tenía una cortina de acero. Un día llegó a vivir ahí una mamá recién llegada del rancho con sus ocho hijos. La señora era una gota de agua porque lavaba hasta la banqueta del cuarto aquél donde vivían. Tenía una mesa hecha de cajas vacías de verdura y alrededor todas sus criaturas, peinadas y restiradas. Hasta los ojos se les jalaban. Limpias, inmaculadas. De todos tamaños, colores y sabores.

Yo pensaba en la falta que me hacía a mí alguien que subiera a ver a la niña cuando se despertaba para no fatigarme. Un día que pasé por ahí y las vi pensé que alguna de estas muchachitas me había de gustar. Yo veía que era gente muy humilde pero digna.

– Buenos días doña Cuca – así se llamaba la señora.

– Buenos días – me contestó.

– Señora, yo vengo a pedirle un favor muy grande.

Y le expliqué mi situación. Ahí estaba también la suegra de doña Cuca. Esto me favoreció.

– Quisiera que me hiciera el gran favor de prestarme una de sus niñas de las tres grandecitas para que me auxiliara con mi niña cuando yo estoy ocupada. Yo puedo ayudarla con algo. Se la puedo vestir, se la puedo calzar – porque traían chanclas de orcapollo, sandalias de hule.

La señora se quedó patinando. No dijo nada. Intervino la suegra y le dijo a doña Cuca:

– Mira, Refugio, yo conozco a la señora desde que llegó a vivir aquí. Es gente buena. Yo te aseguro que va a estar bien la niña.

Doña Cuca se quedó pensando y me contestó:

– Bueno, señora, pues sí. Pero no sé cuál de las grandecitas le pueda servir. ¿Cuál le gusta? – preguntó señalándome a las niñas.

Y me dice su suegra:

– Yo le aconsejo a Mona. Es la más chica de las tres grandes pero es una chispa. ¡Ésta le va a servir más que las otras! – me dijo sonriendo mientras le daba una palmadita de cariño a la niña.

Así fue cómo llegó Mona a mi casa. Pasaba el día conmigo pero se iba a dormir a su casa. Mientras mi niña dormía y yo pasaba tiempo sola con Mona me di cuenta que no sabía ni pronunciar su nombre. Era de un rancho de Jalisco pegado a Michoacán y allá meten mucho la i por la e.

– ¿Cómo te llamas? – preguntaba.

– Ramona Martiniz Navarreti - decía ella.

– No, Martínez Navarrete, Navarrete – la corregía yo.

– No - me decía ella – Martiniz Navarreti.

Me di cuenta de que la niña no podía pronunciar su nombre y menos escribirlo. Empecé a ponerle las vocales en los cuadernitos viejos que tenía y luego algunas consonantes. Empecé con la ayuda de las vocales a hacer palabras y formar sílabas.

Como a los seis meses de tenerla en la casa, nos mudamos a la Colonia Independencia donde construimos una casa a nuestro entero gusto.

Mi bebita llegó a la Colonia Independencia de un año. Ya gateaba y empezaba a caminar. Así que fui con doña Cuca.

– Señora, présteme a la niña. Nomás unos días mientras me acomodo para que me cuide a la niña.

Y así como muy a fuerzas le dije:

– ¿Sabe qué, señora? Aparte de que yo se la visto, le voy a dar unos centavos mensuales por el tiempo en que Mona esté en la casa. Yo se la voy a traer los domingos.

Accedió. Tenía mucha necesidad. Sus hijos estaban muy chiquitos y tenía otro en camino. A la semana se la llevé en domingo y le dije:

– ¿Cómo ve doña Cuca? ¿Me la presta otros ocho días?

Y me dijo sí. La niña iba inmaculadamente limpia. Iba estrenando zapatitos y calcetas. Bien peinada y restirada.

Así cada ocho días la llevaba a su casa para que estuviera con su mamá y me la volvía a llevar. Le daba a la señora cincuenta pesos al mes, una despensa y me hacía cargo de la niña. Para no hacerte el cuento largo yo traje a Mona de ocho años y ella salió a los veintiocho. En veinte años pasan muchas cosas. Mona no se crió en mi vientre, pero se crió en mi corazón.

En cuanto llegué a la Colonia Independencia me empecé a ambientar y vi que cerca había un Colegio. Una escuela parroquial en las tardes. Había empezado el ciclo escolar pero hablé con la madre directora.

- Señora, es que no tengo donde sentarla, no tengo donde ponerla – me decía la madre directora.

– Madre – le dije – yo me comprometo a traerle una silla y una tablita para que ahí se pueda apoyar.

La Madre Direcotra después me confesó:

– Sra. Nelly, la acepté a Mona nada más porque veía la vehemencia con que usted me lo pidió. La vehemencia que usted tenía para que esa niña recibiera educación.

Entró a primer año sabiendo ya casi leer y escribir y salió de sexto año con las religiosas. Cuando tu tía entró al jardín de niños, pasé a Mona al turno de la mañana para que fuera y viniera con la niña.

Fue mi mano derecha desde que llegó a la casa. Mientras no hacía tarea le ponía el banquito donde se sentaba tu papá a bolearse sus zapatos para que alcanzara el fregadero.

– Lávame estos trastecitos – le pedía.

Y luego al ratito que ya los lavaba muy bien. Le decía:

– Ven para decirte cómo se barre.

Y la sacaba a barrer la banqueta. Mona llegó a convertirse no sólo en mi mano derecha, sino en mi mano izquierda también. Al último, ya a punto de irse de la casa hasta pensaba por mí. Era muy lista.

Nunca hice distinciones entre ellas. Si compraba uniforme para mi hija, compraba uno para Mona. Mona jamás lavó su ropa, yo le lavaba. Dormía entre las camas de tus tías en un catre de lona que compró tu abuelo en una segunda de los deshechos de la guerra del otro lado. El catre se doblaba en el día y en la noche se extendía.

Llevé a Mona a que hiciera su primera comunión y doña Cuca y yo nos hicimos comadres. Le hice su vestido blanco, su velo y su corona. Le prepare un desayuno y un pastel. Invitó a sus amiguitas y tuvo su fiesta. En sus quince años también le hice su fiesta.

Mona se bañaba en nuestro baño, tenía su toalla. No escatimé esfuerzo en educarla. Mona aprendió nada más de oír todo lo que le decía a mis hijos: "Agarra bien el tenedor", "No le suerbas", "Eso no se como con la cuchara". Nunca tuve necesidad de corregirla. Pero llegó a la adolescencia y se puso muy difícil. Entonces no hubo más remedio que:

– Doña Cuca, aquí está su hija. Me está dando muchos problemas y yo tengo un compromiso muy grande ante usted y ante Dios y ya no puedo con ella.

Mona se quedó haciendo pucheros y yo me subí al coche llorando. Como a los cinco días recibí una carta donde me decía: "si no viene por mí y me lleva con ustedes yo no voy a comer para morirme."

Desgraciadamente no guardé esa carta. Me enterneció sobremanera. La extrañaba kilos y fui por ella al día siguiente.

A mí me entregaron una bolita de arcilla, una bolita de barro fino, muy especial. No era barro agarrado del arroyo, era del que se hace la Talavera. Y pude moldear ese barro, con mucho cariño y con mucho esfuerzo. Y ahí está el resultado: toda una mujer y toda una señora que lucha como me vio luchar a mí para salir adelante, que ahorra como me vio ahorrar, que se está tragando el alma para salir adelante económicamente. Ésa es otra cosa que en mi vejez me sigue llenando el alma: Mona, tu tía Mona.

11.

Mi principio, muy mío

V ete preparando hija, ya siento pasos en la azotea. Tengo muchos fallos en la mente. Mis piernas ya no me responden y ya no coordino mis ideas todo lo bien que yo coordinaba.

No me acuerdo si también te platiqué del tiempo que estuve dando clases de etiqueta social en Instituto Motolinia de la Srta. Guadalupe Guillén y Barrios Gómez, prima hermana del cronista famoso de televisión Barrios Gómez. Ella había sido monja y por razones que desconozco tuvo que dejar los hábitos y abrió un instituto para señoritas a una cuadra del Templo Expiatorio en Guadalajara. Era una casa antigua. El Instituto era para educadoras, trabajadoras sociales y secretarias.

A petición de las alumnas, buscó una persona para que diera clases de etiqueta social en un cuartito que le sobraba al Instituto. Cómo comer, cómo conducirse, cómo vestir y relacionarse. Contrató a una queridísima amiga mía. Ella estaba casada con un ingeniero químico, representante de Resitol y Tabla Roc en Guadalajara. Le iba muy bien económicamente, pero el esposo tenía el mismo defecto en las piernas que Henri de Toulouse Lautrec. ¿Te acuerdas que él era enanito? Toulouse Lautrec, el que pintaba caricaturesco con temas del Molino Rojo y del can-cán de París. El esposo de mi amiga nació con ese defecto. Del tronco para arriba era normal pero de las piernas para abajo tenía las piernas de la mitad del tamaño normal. Así nacieron sus hijas, mujeres, con ese gen.

Ella trabajaba por hobby y no por necesidad. Y en pleno curso de verano, cuando más alumnas había, tuvo que ir a Houston porque le tocaba cita a sus hijas para que le hicieran unos implantes para que pudieran desarrollar mejor sus piernas. Me llamó por teléfono y me dijo:

– Nelly, fíjate que tengo un problema. Tengo que retirarme de los cursos de verano y se me hace muy feo dejar a la directora con las clases empezadas – dice - ¿por qué no me suples?

– Yo que sé de eso - le dije.

– Ni me digas que no sabes. Yo he visto cómo recibes a tus invitados en tu casa, cómo pones tu mesa, cómo te arreglas, cómo te conduces. Te conozco de sobra. Claro que puedes. Ya saqué una pequeña bibliografía, una recopilación de libros de etiqueta, dice, que me sirve a mí de guía. Basta con una tarde que nos sentemos a leer acerca de las dudas que tengas. Yo te las explico, dice, y con eso tienes.

Me llevó el libro. Lo leí y sentí que estaba leyendo algo que toda la vida había leído.

– Ves como sí puedes – me dijo mi amiga.

Les comentaba esto a tus papás anoche. Porque tu papá está muy preocupado por mi salud. Dice que necesito salir de mi circulito en el que estoy metida. Mi casa, mis obligaciones, mi todo. Ahora con el impedimento de no poder bajar escaleras, pues es peor.

– Porque no vuelves a dar tus clases - me dijo tu papá.

– Ya no podría hijo – le dije – sencillamente no voy a dar la imagen de lo que yo estoy enseñando.

Porque lo que fue una suplencia por un verano se convirtió en ocho años de estar de maestra en el instituto. Al grado que llegaban las personas a inscribirse y lo primero que preguntaban era si todavía dabas las clases la Sra. Nelly de Navarro.

Fue una experiencia preciosa de mi vida. Eso y entrar a trabajar con las Guías de México, fue algo tan edificante para mí. Me enseñó que yo servía para algo más que para lavar, planchar, hacer de comer y atender a mi familia. Me proyecté fuera de mi entorno y fue una proyección preciosa. Fueron un éxito rotundo las dos cosas. Todavía me acuerdo de esas etapas de mi vida y me emociono.

Lupita, la directora del instituto, estaba fascinada conmigo. En una ocasión me dijo:

– Oye, Nelly, yo quisiera saber qué les haces o qué les dices a las muchachas que al segundo día de clases las tienes en la bolsa.

– Pues no, Lupita. Lo que ves es lo que hago, es todo. Ponerle muchas ganas y atención a cada una según sus necesidades. Quedarme con ellas fuera del horario de la clase, para explicarles, para decirles lo que ellas querían.

Afuera del salón de clases había una ventana, como en las casa de antes, y afuera de la ventana había una banca. Un día tuvo la calma la directora de irse a sentar a la ventana toda mi clase para estar oyendo cómo manejaba a las muchachas.

El primer día de clases, para romper el hielo, me presentaba y luego se iban presentando una por una. Y como adolezco del defecto de la mala memoria para los nombres, nunca me los grabé. Para mi todas eran hijas: "Mijita esto", "mijita el otro", "mijita lo de más allá". Y ellas encantadas. Además se arrimaban a mi escritorio.

– Maestra, tengo una duda – me decían.

– Cómo no. Después de la clase me buscas y nos sentamos a platicar y te explico todo detalladamente – les contestaba.

Tengo telegramas, tarjetas y todo lo que me mandaban después de las clases. Qué satisfacción tan grande. Hice un manual de mi puño y letra de cosas que no venían en el libro. Cómo pasar la sal y el pan. El uso del palillo, proscrito completamente de la mesa. De acuerdo a la etiqueta, si te quieres quitar algo que te molesta de la boca, te vas al baño.

– Maestra, ¿aunque nos tapamos? – me preguntaban.

– Qué tapar boca ni qué nada – les decía yo.

De regreso a casa de las clases, pasaba siempre a ver a mi tía Josefina para ver qué se le ofrecía.

– Mira, nada más, tía. Quién me iba a decir que todo lo que tú me enseñaste desde que tengo narices, me iba a dar dinero algún día. Y la satisfacción de poder ofrecer todo lo que yo tengo a otras personas que no tuvieron las oportunidades que yo tuve.

Después de su viudez poblana, como decía ella, al morir el Licenciado Grunenberg, mi tía Josegina se vino a radicar a Guadalajara porque se sentía orgullosa de ser tapatía. Ella solía decir, con ese estilo tan de ella, que no admitía que nadie le reprochara ni le replicara nada.

– Por eso las torres de aquí de Guadalajara son distintas y son tan bellas. Porque son tapatías.

Era aparentemente muy dura, muy severa en sus actos. Tenía fama hasta de mala persona pero no fue así. Mi tía Chepa tenía mucha sensibilidad por las cosas bellas: la música, la naturaleza, la pintura, las cosas finas. Ella las apreciaba enormemente y todo esto me lo transmitió desde muy chica. Gran parte de lo que soy se lo debo a ella.

Dios nos concedió vivir una frente a la otra los últimos años de su vida. A una calle de por medio. Cuántas y tantas veces llegué a recibir un telefonazo a media noche:

– ¡Vente porque me siento muy mal! – me ordenaba mi tía.

Me ponía una bata sobre la pijama y me enrollaba la cabeza en un chal. Atravesaba a esas horas la calle. Yo tenía llaves de su casa.

– ¿Qué pasa, tía? – le preguntaba.

– No sé. No sé qué tengo. Me decía muy a su modo de renegona.

Estaba nerviosa. Y sí, la soledad es tremenda. Porque a los cinco minutos de tenerme ahí se hacía más para la otra orillita de la cama y me decía:

– Pos ven, acuéstate. No te has de ir ya. Ya qué vas a hacer.

– Claro tía, me voy a quedar contigo lo que falta de la noche – le contestaba sonriendo.

– Pues fíjate que Jocobo Zabludovsky... que esto y esto otro – me empezaba a platicar.

Porque has de saber que me confesaba abiertamente que tenía tres amores platónicos: Jacobo Zabludobsky, Julio Iglesias y Plácido Domingo.

Ella me contaba lo que había oído de interesante en el programa de ese día y se quedaba dormida y empezaba a roncar. Como estas, hubo varias ocasiones. Pero vieras, mijita, que yo lo hacía con mucho amor. Me satisfacía poder ayudarla.

Mi tía dejó los jitomates partidos para hacer espagueti de cenar. Así se fue, de un día para otro. Me nombró heredera universal en su testamento. La quise mucho y como dice la oración a Cristo doliente: *No me tienes que dar porque te quiera, pues aunque lo que espero no esperara, lo mismo que te quiero te quisiera.*

Lo poco o mucho decente que yo pueda tener. Los sentimientos no, porque con ellos se nace, pero los detalles, hija. Los detalles de la vida se los debo a ella. Fíjate que con los seres queridos pasa una cosa muy curiosa. Los recuerdos de mi papá Ramón, de mi mamá y de mi tía Josefina conforme pasan los años no disminuyen. El recuerdo y el cariño se acrecientan. Ahora que me estoy haciendo vieja y que siento los achaques y las enfermedades que vivió mi mamá, no te imaginas la inmensidad de recuerdos que me invaden.

Con todo y lo precioso que eran para mí mis clases de etiqueta, al final resultó cansado. Desde un día antes tenía que planear qué me iba a poner para que hubiera congruencia entre lo que iba yo a decir y mi personalidad. Qué vestidos, qué alhajas, ponerme mis tubos, arreglarme mis uñas. Dar la imagen perfecta de lo que yo estaba transmitiendo.

Yo les decía desde el principio a mis alumnas.

– Aquí no hay examen verbal. No se tienen que machetear todo el libro. Aquí va ser examen práctico.

Como el Instituto estaba en una casa antigua con corredores muy amplios, afuera de los salones poníamos una mesa para que cupieran todas las alumnas. La sirvienta sacaba los manteles, las vajillas y todo lo necesario para montar la mesa y todo lo dejaba ahí, sin colocar. Con tiempo ya nos habíamos organizado y cada quién traían algo de comer: la crema, la ensalada, una carne, un postre.

Yo me concretaba en llevarles flores sueltas para hacerles un bonito ramo bajo para el centro de la mesa. Cada quién ponía su lugar. Cuando terminaban de ponerlo, no faltaba quién me dijera:

– Maestra y ¿su lugar?

– Yo no me siento. Yo ando recorriéndolas a todas para verlas - me paraba detrás de ellas para observarlas.

Eran mil y un detalles que pasaban desapercibidos pero que quien sabe los observa. Al último Lupita, la directora, entregaba por orden de lista los diplomas de papel pergamino de imitación. Yo iba prevenida con una bolita de hilaza y tijeras. De las mismas flores que había puesto en la mesa, les hacía sus pequeños corsages. Al último me sentaba en la cabecera y les hablaba. Ya sabrás: trastornadas todas las alumnas. Por último, una porra para la maestra y entre todas se organizaban para comprarme un regalito. Un prendedor, un lo que fuera. Pero siempre había algo para mí. Fue precioso.

Ya después por recomendación de Lupita, la directora del instituto, me mandaron hablar de una industria de neozelandeses. Iba ser el día de la secretaria y quisieron regalarles a las muchachas un curso de etiqueta social. Nadie sabía comer. Yo invité a mi amiga, la que me había recomendado para dar las clases en un inicio, para que diéramos la clase juntas:

– Ay, maestra, es que venimos a tomar el curso porque es tan penoso que a veces los jefes nos invitan a una cena o a una comida, llegamos y nomás vemos un montón de fieros y no sabemos ni cual tomar – me confesó una alumna.

Mandaban un chofer de la compañía por mi amiga y por mí porque las oficinas estaban en Chapalita. Llegaba una limosina con chofer uniformado. Excuso decirte que nos sentíamos soñadas.

El mero día de la secretaría, la empresa ofreció una comida en una casa grande que tiene la industria en Chapalita. Ya encontraron la mesa puesta pero les enseñé cómo tomar el vino.

– La copa no se agarra, se toma. Siempre procurando que los dedos vayan con elegancia – les recalcaba yo.

Estaban los meros jefes de la compañía, mi amiga, y la directora del Instituto y yo en la comida. Una de las muchachas se me arrima y me dice:

– Maestra, ¿cómo la ve? Le hago al Licenciado la prueba del corcho del vino.

Llegó con la botella envuelta en la servilleta, le destaparon el corcho. Toma el corcho la muchachita y se lo pone por un lado al licenciado. Él lo toma, huele el corcho, lo vuelve a dejar. Ella le sirve un charquito de un trago en la copa. Lo toma. Lo huele. Lo toma y aprueba el vino para servir.

Un diez, me dije a mi misma, nos aventamos un diez.

Al poco tiempo de haber fallecido mi tía Chepa, se enferma mi mamá. Yo le dedicaba tanto tiempo a ella. Fue una cosa tremenda verla sufrir tanto. Meses después de haber terminado de dar mis clases me seguía hablando Lupita, la directora dos o tres veces a la semana:

– Nelly, te necesito.

– Pero Lupita, tu sabes que ya no puedo.

Hasta que llegó un día que palabras textuales, me dijo:

– Ponle precio a tu clase.

– No es el dinero, Lupita, tú sabes que no es el dinero lo que a mí me llevó a tu escuela. Mi interés era que alguien más tuviera la fortuna que yo tuve de haber recibido todo eso dentro de mi casa.

Yo tuve la fortuna de recibir todo eso con amor y con cariño. Y en esa misma forma quise transmitirlo. Fue todo. Nunca me movió el interés por el dinero, porque en realidad lo que me pagaba, no correspondía. Yo ya no podía ir a dar lo mejor de mí, a transmitir entusiasmo, energía e ilusión con mi mamá enferma. Tú tienes que transmitir lo que la persona desea que le transmitas. ¿Me entiendes? Entre ello: cariño. Aquellas muchachitas que yo tenía se quejaban de cosas que les pasaba en su casa. Yo trataba de llenar como yo podía ese huequito de amor que a ellas les faltaba.

Mi principio, muy mío, es que gozo dándome. Ésa es mi mayor y mejor filosofía: darme. Darme sin medida. No te digo que doy lo que me estorba, lo que no necesito, como dar un plato que ya no te sirve. Eso es dar lo que no te importa. Pero dar tus energías, tu tiempo, tu amor, tus consejos, lo que tú sabes que en ese momento puede ayudar, eso es darte. Esas cosas te gratifican, te llenan. Porque estás viendo que dejas algo bueno en aquella persona que te está pidiendo con el alma la ayuda que le falta.

En cada instante de mi vida yo he podido constatar que soy una chiqueada del Señor. Yo no digo que Dios me ama a mí más que a los demás, Dios nos ama a todos. Igual que una madre ama a todos sus hijos. Pero siempre hay alguno por el que tienes una especial inclinación e indudablemente que el señor así me ha visto. A pesar de haber vivido una vida económica, no apretada ni de escaseces, pero sí limitada. Viajamos, siempre viajamos.

A inicios de nuestro matrimonio, nuestros primeros viajes eran cada año a Guadalajara para ver a la familia. Viajábamos con los pases del ferrocarril que tenía tu abuelito por ser empleado. Así pudimos conocer Querétaro y San Luis Potosí que son una joya colonial. Íbamos mucho a la frontera con Estados Unidos. Me acuerdo que me paraba a medio puente en Matamoros y volteaba hacia Estados Unidos y me entraba una emoción enorme. Pensaba en lo bonito que era estar en el umbral del país más moderno del mundo. Muchos años después, ya tu abuelito jubilado, hicimos un viaje a Houston con nuestros compadres Oscar y Gloria Sánchez y nos subimos al módulo del cohete que llegó a la luna. Me ha tocado vivir tantas cosas.

Como decía mi tía Chepa: "cuando una cosa te toca, te llega". Nosotros no forzamos la situación, ni le dimos vueltas, pero tuvimos la oportunidad de conocer Europa. Fuimos con unos amigos que formaban parte del Club de Leones. Un 24 de febrero, día de la bandera, salimos rumbo a España ¿Cómo se te hace? De sueño ¿verdad? Cuándo íbamos a soñar que nosotros íbamos a tener un viaje semejante con el sueldo de tu abuelito. Yo regresé enamorada de España en grado hiperlativo.

Llegué a Madrid conociéndolo. Mi tía Chepa vivió un año justo en Madrid, cuando te cuento que se separó de mi padrino, Andrés Audifred. Se fue a Cuba y de ahí la invitaron a España. Yo me sabía todas las calles, la Plaza de la Cibeles, La Puerta del Sol, el Parque del Retiro, la Plaza Mayor. Porque mi tía cuantas veces había oportunidad, me lo platicaba. Y yo no me cansaba de oírla.

Todavía no hace mucho volví a leer las cartas que me mandaba mi tía Chepa desde sus viajes. En una me narraba día por día sus experiencias en Hawai y la Playa de Waikiki. Desde entonces me quedó un deseo en lo profundo de mi corazón de conocer algún día Hawai, pero jamás lo ambicioné. Mi tía Josefina se hospedaba en el Hilton. En el mismito hotel donde nos mandaran tus papás a vacacionar muchos años después. Quién iba a decir que llegaría yo un día a conocer aquella isla, a llegar al mejor hotel y darnos vida de millonarios aburridos.

Casi te diría que me llena más el recuerdo que la estadía. Será que el viaje provino de mi hijo y de su esposa y de su deseo de que yo conociera aquel lugar. Me llena el alma de recuerdos.

En la actualidad la vida me está llenando enormemente. Tuve una infancia feliz, llena de estrechecez, que lo único nuevo que me ponía era lo que me compraba mi tía Josefina pero fui feliz. Ahorita lo que me llena de gozo en estos últimos años son mis nietos. Como dice el Señor, en *Proverbios*: Los nietos son la corona de los viejos. Y es una gran verdad.

Mentira que se quiere a los nietos más que a los hijos. Se quiere a los nietos a través de los hijos. Nunca hice distinción entre el cariño de mis hijos y no lo hago tampoco con mis nietos: a uno lo quiero por guapo, a otro por bueno, a otro porque es machote, a otro porque es inteligente, a otro lo quiero con todo y sus desgracias. A las niñas a una porque es muy dulce, la otra porque es una chispa y veo algo de mí en ella, a otra la quiero a pesar de la distancia.

En estos últimos años estoy viviendo muchas y enormes satisfacciones. Ver mi mesa llena de nietos en Navidad es algo que para mí no tiene precio.

Los quiero igual a todos así como quise a mis hijos. Claro que llega el momento en que tú acoges más a una hija o a un hijo porque encuentras ahí la apertura, pero no quiere decir que los quieras más.

Yo tengo un ingeniero civil, una hija secretaría ejecutiva bilingüe, una hija maestra y un hijo que a pesar de dejar su carrera a medias, triunfó. Porque es indudable que tu papá ha triunfado.

Me di tanto a mis hijos. Siempre me aseguré que hubiera algo de mí en ellos. Algo que sabía que les iba a servir en la vida. Un recuerdo que no me deja es el perfeccionismo y la meticulosidad de tu papá. Hoy que dormí en su cama, en la cama donde durmió siempre cuando era niño, me vinieron tantos recuerdos. Lo acostaba y ya que estaba todo tapado con cobijas hasta la barbilla, levantaba ligeramente la cabecita y me decía:

– Ahí hay una arruguita – me decía él.

Ya le jalaba a la sábana y sobaba la cobija para que quedara todo listo como a él le gustaba.

Tu tío no. Tu tío fue más frío. Pero también de él tengo recuerdos muy bonitos. Siempre fue un muchacho muy cumplido, muy recto.

Tu tía fue la niña consentida de la casa. La niña que diario estaba enferma de muerte. Tenía una muñeca que le compró su abuelo Ángel una vez que pasó por Monterrey. Era la muñeca más divina y preciosa que yo había visto en mi vida. Esa muñeca era intocable, no salía del ropero más que cuando tu tía se enfermaba. Traía su peine y su cepillo y unos tubitos de hule para que le enredaras el rizo. Le llevaba la muñeca a la cama para que se entretuviera peinándola. Hasta la fecha no me perdona que nunca la dejé jugar con la muñeca.

– Yo nada más tenía derecho de jugar con ella cuando me enfermaba. Cuando estaba arriba de la cama para no poder bajarla – me reprochaba.

De tu tía la menor, qué te puedo decir. Ha sido un ángel desde que nació. Cada día que pasa ese ángel crece. Es todo para mí. Me lava la espalda, me amarra los zapatos, me dice que me enderezca, me acomoda el pelo. Está al pendiente de mí hasta el último detalle.

Los momentos más felices de mi vida fueron cuando llegaron mis hijos. Sobre todo después del cáncer, cuando llegó tu tía que venía completita y empezó a reaccionar normal. Y siguen los momentos felices. Yo sé que nunca van a faltar. Bodas, graduaciones y luego los biznietos.

Me tocó vivir el principio de este siglo y quiero ver el final y el principio del que entra para quedarme contenta. Yo sé que en la vida siempre habrá momentos bellos y que no me voy a querer ir para poderlos disfrutar con ustedes.

Epílogo

L a última vez que hablé con mi abuelita fue por teléfono una tarde en vísperas del nacimiento de nuestro primer hijo. Antes de despedirnos le aseguré que el libro seguía en pie y que estaba trabajando en él. Yo esperaba escuchar la respuesta de siempre: "Espero Dios me preste vida para ver ese libro terminado". Pero esta vez fue distinto. Me contestó simple y sencillamente: "Lo sé" con una voz tranquila y en paz.

Mi abuela nunca vio el libro terminado. Murió un 11 de septiembre de 2005. Cuatro días después comenzaron mis dolores de parto que duraron más de un amanecer. Fue lo que duró en llegar a despedirse de mí mi abuela. En cuanto nos volvimos a reencontrar, la sentí tan cerca, que resonaron nuestras almas. Y en ese instante mi abuela hizo notar su presencia regalándome un alumbramiento natural guiado por ella de una forma bellísima y sublime sin igual.

Tuve que vivir la dicha de ser mamá para que la gestación paulatina de este libro llegara a su término.

Me gustaría aclarar que durante el transcurso de la investigación fáctica salió a relucir un detalle que no pude corroborar pero que decidí incluirlo, que fue el Vals de Nelly. Según he podido constatar, la única partitura de vals que lleva por título "Nelly" es de Luis y Héctor Bates, ambos argentinos, no de Manuel Eguiarte, el tío de mi abuela y compositor jalisciense. Sin embargo, no dudo que el tío Manuelito haya querido complacer a su sobrina con una melodía que entonaba su nombre, o bien, quizá incluso componerle un vals que con el tiempo se perdió. Ya ven la vida qué chistosa es.

Agradecimientos

E stoy infinitamente agradecida con todos los que se tomaron el tiempo de leer mi libro y retroalimentarme con sus ideas atinadas y enriquecedoras. En especial gracias a Iris, Olvido, Jacinto, Olivia y Carmen Alicia. Gracias a mi familia, que hasta Tepito me fueron a acompañar en mi búsqueda por seguir los rastros de mi viaje a la semilla. A mi esposo, Rafael, por su apoyo incondicional, te amo. A mis hijos, Thomas y Daniel, a quienes quiero más de lo que ellos se pudieran imaginar. Gracias también a mis amigas por sus palabras de aliento.

Un profundo agradecimiento a Tru y Donald de Adobe Guadalupe, de donde nacieron momentos inolvidables. Y gracias a Ana Pau por grabar la cinta número nueve y a mi tía Lupita por facilitar la conversación vía correo electrónico durante los últimos años con mi abuelita.